国家社科基金资助专著（13BGL015）

信阳师范学院南湖学者奖励计划青年项目资助专著（2016A）

新型城镇化与产业集聚政策的联动效用及创新

魏文轩　著

中国财经出版传媒集团

经济科学出版社

Economic Science Press

图书在版编目（CIP）数据

新型城镇化与产业集聚政策的联动效用及创新／魏
文轩著．—北京：经济科学出版社，2019.6
ISBN 978－7－5218－0669－4

Ⅰ.①新… Ⅱ.①魏… Ⅲ.①城市化－建设－研究－
中国②产业集群－财政政策－研究－中国 Ⅳ.
①F229.21②F269.23

中国版本图书馆 CIP 数据核字（2019）第 135962 号

责任编辑：顾瑞兰
责任校对：隋立娜
责任印制：邱　天

新型城镇化与产业集聚政策的联动效用及创新

魏文轩　著

经济科学出版社出版、发行　新华书店经销

社址：北京市海淀区阜成路甲 28 号　邮编：100142

总编部电话：010-88191217　发行部电话：010-88191522

网址：www.esp.com.cn

电子邮件：esp@esp.com.cn

天猫网店：经济科学出版社旗舰店

网址：http://jjkxcbs.tmall.com

固安华明印业有限公司印装

710×1000　16 开　14 印张　260 000 字

2019 年 6 月第 1 版　2019 年 6 月第 1 次印刷

ISBN 978－7－5218－0669－4　定价：60.00 元

前　言

城镇化在当前已成为世界各国促进社会发展和提升经济的重要手段，其发展模式和实现路径等也在人类实践过程中不断发展完善。中国城镇化是实现现代化的必然选择，也在徘徊停滞中逐渐加速，尤其在改革开放之初出现了迅猛发展之势，各类城镇以粗放式发展迅速扩张，尤以沿海开放城市增长速度最快，但同时也带来了城镇人口规模过分集中、可持续发展力匮乏等问题。

城镇化与产业集聚是区域经济发展的两个增长极，特别是产业集群发展，对集群内企业乃至区域经济的发展起着不可替代的作用。新型城镇化是以城乡统筹、城乡一体、节约集约、产业集聚与城镇化互动、生态宜居、和谐发展为基本特征的城镇化。在当前新型城镇化建设的过程中，产业集聚作为重要支撑也得以如火如荼地发展。为了保障产业集聚对企业及区域经济发展形成可持续的支撑效益，中央政府和地方政府相应出台了一系列与新型城镇化相适应的相关产业集聚政策。2013年以来，特别是在国家新型城镇化规划发布后，各级政府积极采取有效措施，坚持走中国特色新型城镇化道路，不仅城市规模有所扩张，而且城市经济发展水平获得一定的提高，形成了具有一定竞争力的区域城市群。

我国的新型城镇化建设经过一定时期的探索取得了较高成效，城镇化率得到较高提升，既有前期先进经验积累，又有传统城镇化形成的矛盾和问题，面临着城镇化发展体制机制完善的历史使命，特别是产城互动关系优化、城镇人口承载力提升等方面的挑战。因此，有必要根据我国目前的发展形势，对新型城镇化的发展路径进行深入系统地分析研究。研究创新户籍制度、土地制度以促进人口城镇化；研究创新财政金融体制、产城互动机制以夯实城镇化发展能力；研究创新城镇服务体系、城镇建设及管理以提升城镇服务能力等。这是中国新型城镇化建设目前面临的重大问题，也是本书的研究目的所在。

本书内容分为导论、政策篇、关系篇、问题篇和对策篇五部分，共十章。

在第一章导论对本书的研究背景、国内外研究现状述评以及研究思路与方法进行梳理的基础上，在政策篇、关系篇、问题篇和对策篇四部分分别探究了新型城镇化发展规划、产业集聚政策、新型城镇化与产业集聚的关系、新型城镇化与产业集聚政策联动机制、新型城镇化与产业集聚联动发展现状、影响新型城镇化与产业集聚政策联动不足的城镇化原因、影响新型城镇化与产业集聚政策联动不足的产业集聚原因、新型城镇化和产业集聚政策良性联动对策创新及不同区域城市群产业集聚差异化发展策略等内容。

（一）政策篇

政策篇包括第二章、第三章，共两章。第二章从农村人口城镇化、土地城镇化及城镇化良性发展机制等方面对中国新型城镇化发展规划进行解读，并以中国城镇化建设模式典型实践探究佐证相关理论分析结论。第三章从强化产业集群培育、提升产业自主创新能力、完善城镇配套服务功能和破解要素瓶颈制约等方面对中国产业集聚政策进行解读，并以中国代表性产业集群的发展历程和驱动力量分析佐证相关理论分析结论。

（二）关系篇

关系篇是本书研究的重点之一，包括第四章、第五章和第六章，共三章。第四章从新型城镇化为产业集聚提供依托和服务、产业集聚为新型城镇化提供可持续发展力等方面分析探究新型城镇化与产业集聚的关系，并以国内实施产城融合的效应探究佐证相关理论分析结论。第五章从新型城镇化与产业集聚政策联动耦合机制、动力机制等方面分析探究新型城镇化与产业集聚政策联动机制。第六章从新型城镇化与产业集聚联动发展的特点、存在的问题及原因以及解决新型城镇化与产业集聚联动发展问题的实践等方面分析探究中国新型城镇化与产业集聚联动发展现状，并通过构建相应评价指标体系对我国东部地区、中部地区、西部地区和东北地区不同模式的新型城镇化与产业集聚政策联动不同效用进行分析，以佐证相关理论分析结论。

（三）问题篇

问题篇是本书研究的重点之一，包括第七章和第八章，共两章。第七章主要从城镇空间布局"不够优"、城镇规划建设标准"不够高"、城镇设施"不够齐全"及城镇集聚吸引力不足等方面分析探究新型城镇化与产业集聚政策联动不足的城镇化原因，并通过构建相应评价指标体系对我国城镇化建设发展进行实证综合分析，以佐证相关理论分析结论。第八章主要从产业集聚发展质量有待提升、产业集聚发展服务机制有待完善等方面分析探究影响新型城镇化与产业集聚政策联动不足的产业集聚原因，并以河南省产业集聚发展实证分析以佐证相关理论分析结论。

（四）对策篇

对策篇既是本书研究的重点之一，也是本书研究的落脚点，包括第九章和第十章，共两章。第九章从正确处理改革中亟须解决的若干问题、强化新型城镇化和产业集聚联动政策统筹、提高城镇与产业集聚的人口集聚力、加强土地节约集约利用、完善企业发展需求的城镇公共基础功能配套、提高城镇和产业创新能力、强化生态环境保护制度的规范与约束、建立健全产城良性联动监测评估机制等方面分析探究新型城镇化和产业集聚政策良性联动对策创新。第十章从东部地区城市群强化现代服务业发展、中西部地区强化农业发展质量及东北地区加快制造业"两化融合"等方面提出不同区域城市群产业集聚差异化发展策略。

本书是 2013 年国家社科基金年度项目（13BGL015）、信阳师范学院"南湖学者奖励计划"青年项目（2016）的研究成果。鉴于本书作者水平有限，加之时间仓促，难免有不足之处，敬请同人批评指正。

作者

2019 年 3 月 20 日

目　录

第三篇　问题篇

第四篇　对策篇

第一章

导 论

一、研究背景

城镇化在当前已成为世界各国促进社会发展和提升经济的重要手段，其发展模式和实现路径等也在人类实践过程中不断发展完善。中国城镇化是实现现代化的必然选择，也在徘徊停滞中逐渐加速，尤其在改革开放之初出现了迅猛发展之势，各类城镇以粗放式发展迅速扩张，尤以沿海开放城市增长速度最快，但同时也带来了城镇人口规模过分集中、可持续发展力匮乏等问题。随着对传统城镇化带来的矛盾和问题认识的不断深化，中国不断创新城镇化发展理念，从传统的粗放式扩张转向节约集约式发展，更加注重提升城镇化建设质量。党的十八大前后，中国相继出台了一系列促进城镇化质量提升的政策措施，特别是 2014 年国务院出台的《国家新型城镇化规划（2014—2020年）》成为中国城镇化发展的分水岭，构建和完善城镇发展体制机制成为中国提升城镇化质量、优化城镇化途径的目标和方式。随着中国改革开放的不断深入，中国城镇化建设规模、速度和领域迅速提升，城镇化质量进一步提升，如表 1 - 1 所示。据国家发展和改革委员会 2013 年 6 月城镇化建设工作情况报告显示，中国城镇化率在 2012 年达到 52.57%；据国家统计局数据，2018 年中国城镇化率为 59.58%，比 2017 年末提高 1.06%，城镇化水平、人口集聚能力等都取得了显著成效。

表 1-1　　　　　　　　2013~2017 年中国城镇发展情况

年份	城区面积（平方公里）	建成区面积（平方公里）	城市建设用地面积（平方公里）	本年征用土地面积（平方公里）	城市人口密度（人/平方公里）
2013	183416.1	47855.3	47108.5	1831.6	2362
2014	184098.6	49772.6	49982.7	1475.9	2419
2015	191775.5	52102.3	51584.1	1548.5	2399
2016	198178.6	54331.3	52761.3	1713.6	2408
2017	198357.2	56225.4	55155.5	1934.4	2477

资料来源：2014~2018 年《中国统计年鉴》。

中国迅速发展和推进的城镇化建设，虽然在一定程度上起到了提升社会经济发展基础，解决部分农村转移人口就业问题等效能。但是，由于历史条件和现实诸多因素的影响，中国城镇化建设还存在人口城镇化滞后于土地城镇化，不仅造成了部分土地使用效率的低下，而且还形成了大量农村转移人口就业压力和困境；城镇化布局不均衡，造成中国区域经济社会发展的不协调；城镇的产业集聚缺乏科学规划、人口支持和金融服务机制有待完善等问题导致产城融合发展的效力不足，城镇可持续发展力受到限制；城镇内部的二元结构突出、城镇规模与资源环境承载不匹配、服务管理水平不高、制度保障不健全等问题，制约着城乡统筹发展，阻碍着农村转移人口市民化进程，严重影响着城镇化建设质量和进程。

随着对城镇化规律和成效辩证认识的深化，党的十八届三中全会高瞻远瞩地从人口城镇化、产城互动、城乡协调发展等方面提出完善城镇化发展体制机制，建设中国特色新型城镇化；2013 年，中央城镇化工作会议和《国家新型城镇化规划（2014—2020 年）》进一步指出完善城镇化发展体制机制的重点任务，突出人口城镇化、产城互动、城镇协调发展、城乡发展一体化等。这一系列政策措施为中国城镇化建设提供了指导思想和方向、具体任务和实现路径，进一步规范中国城镇化进程，中国城镇化建设更加科学合理、统筹协调，引领经济社会发展的功效日益突出，提升了中国城镇化可持续发展能力。

目前，中国特色新型城镇化道路，既有前期先进经验积累，又有传统城镇化形成的矛盾和问题，面临着城镇化发展体制机制完善的历史使命，特别是产城互动关系优化、城镇人口承载力提升等方面的挑战，有必要根据我国目前的发展形势，对新型城镇化的发展路径进行深入系统的分析研究。研究创新户籍制度、土地制度以促进人口城镇化；研究创新财政金融体制、产城互动机制以夯实城镇化发展能力；研究创新城镇服务体系、城镇建设及管理以提升城镇服务能力等。这是中国目前面临的重大问题，也是本书的研究目的所在。

二、国内外研究现状述评

国内外虽然有不少有关城镇化建设以及产业集聚政策的研究，但大多数是将二者分割孤立研究。特别是由于新型城镇化建设是党的十八大提出的热点词汇，国内外缺乏新型城镇化建设指导下的产业集聚政策研究，对于城镇化建设与产业集聚政策联动性研究还极少涉猎，尤其缺乏基于地域不同的城镇化所需的产业支撑方面的研究。

（一）国外对城镇化与产业集聚政策联动研究概览

随着人类进入工业社会，国外对城镇化研究日益盛行，主要从空间扩散、区域发展和生态保护等角度研究城镇化内涵和实现路径，强调人口、土地和各类生产要素城镇化，但缺乏城镇化质量和水平优化研究。关于城镇化内涵的研究，主要界定为城镇空间扩张，忽视城镇发展支撑要素的吸纳。阿塞德拉（Asedra，1867）认为，城镇化是城市人口不断增多，城市地域面积不断延伸的过程；埃尔德里奇（Eldridge，1999）认为，城市化就是人口的集中过程。在城镇人口规模扩张理念下，国外在城镇化实现路径研究方面，对新区、新城、城市副中心规划做出大量研究，以城市规模扩张支撑城市人口数量增长，忽视了城镇化的政策扶持、产业支撑等方面的研究。

国外对产业集聚政策的研究起步也较早，但涉及产业支撑城镇发展的研究成果也较少，其研究重点集中在如何促进产业集聚发展方面，较多的研究成果着重于政府组织的产业集聚政策的内涵、作用和实施等方面。对于产业集聚政策的概念界定，爱德华·费瑟（Edward Feser，2002）认为，产业集聚政策就是有目的选择正确影响和监控产业集聚发展的途径和方法；对于政府组织对产业集聚政策的影响和作用，罗兰特等（Roelandt et al.，1999）认为，政府的作用就是不断完善产业集聚政策系统；对于产业集聚政策的作用，吉尔辛等（Gilsing et al.，2000）认为，政府的相关产业集聚政策就是为产业集聚建立稳定的经济、政治环境。

（二）国内对城镇化与产业集聚政策联动研究概览

国内专家学者在借鉴国外先进经验的基础上，前期对城镇化的内涵、模式及实现路径等相关问题也做了大量的探讨。一些学者主张城镇化的重点落在人口聚集的相关问题上。厉以宁主张，农村转移人口就地城镇化；辜胖阳等主张，中西部地区人口就地城市化，东部地区人口异地城市化。党的十八大以来，国内学者研究焦点在新型城镇化的内涵和实现路径等方面。谢天成等认为，新型城镇化是生产要素向城镇聚集与融合，促进经济社会良性发展的过程；辜胜阻等认为，城镇化实质就是通过变革社会结构、经济结构和空间结构来实现。这种"以经济增长和产业结构调整作为城镇化建设动力"的观点得到了许多学者的认同。

在产业集聚政策研究方面，国内学者也没有突破忽视产城互动的局限，单纯注重促进产业自身发展政策研究。李小建（2012）认为，政府应通过制定和实施相关政策和行为积极扶持产业集聚发展，引导和培育企业联系的发展；魏达志（2006）指出，政策引导能够提升产业的集聚效应，通过良好的产业规划、园区规划、区位环境和优势产业的出色表现将会带动关联产业的集聚效应而使企业受益；邱成利（2001）指出，政府应进行引导和约束产业集聚发展的正式制度和非正式制度建设和创新。

国内外虽然对城镇化、产业集聚政策做了大量的相关研究，但大部分忽视了产城互动关系的优化，缺乏产城互动的理论反思及升华。目前的相关研究对新型城镇化内涵及模式等诠释不同，因而对于产城互动的实现，过于强调政府在城镇化和产业集聚中的作用，大多局限于产业结构自身发展转型，缺乏产业与所集聚城镇匹配性的提升及深化。特别是缺乏对新能源、新技术、新材料等因素对新型城镇化建设促进和支撑作用的研究。即使在中国推出新型城镇化建设后，部分学者虽然加强了产城互动和产业支撑城镇发展等方面的研究，但在新型城镇化如何体现"以人为本"，以什么路径实现以人为本，如何实现产城互动，以什么路径实现产业支撑城镇发展等问题还需要从理论及实践上加以明确，对新型城镇化建设指导下的产业集聚政策以及产城良性联动研究还有待加强，需要进一步和深入探讨。基于此，本书着眼于新型城镇化与产业集聚政策的联动研究，分析探寻解决和提升二者联动效用及创新的思路与对策。

三、研究思路与方法

（一）研究思路

本书在国家新型城镇化规划指导下，通过对新型城镇化规划和国内产业集聚政策深入解读，以城镇化实践先进典型为佐证，进一步明确发展新型城镇化和产业集聚政策的具体要求，从而探究分析城镇化与产业集聚发展的关系和联动机制。在明确了城镇化与产业集聚联动机制的基础上，对新型城镇化与产业集聚联动发展现状分析梳理，以统计学的概率抽样和分层抽样原则，通过抽样调查、样本分析等方法，结合中国统计年鉴、地方统计年鉴等相关统计数据，对城镇化与产业集聚政策联动实践效用展开分析研究，进而探寻新型城镇化与产业集聚政策联动存在的问题及其原因；结合中国发展形势及党和国家对新型城镇化建设的具体要求，从人口集聚、土地集聚、城镇服务、产业支撑、生态保护以及实施差异化发展等方面探寻新型城镇化和产业集聚政策良性联动创新的对策建议。

（二）研究方法

本书的研究，在"继承与创新"相结合的原则指导下，经过调查分析、典型案例分析、统计分析以及归纳综合得出相关研究结论。通过科学设计调查方案，使用抽样调查、重点调查和典型调查、召开座谈会等调查分析方法对中国城镇化发展现状进行实地调研；在实地调研的基础上，通过对典型案例进行分析，结合中国统计年鉴、地方统计年鉴等相关统计数据，采用主成分分析法、动态分析法、DEA 模型和 SPSS 软件等具体方法工具对中国新型城镇化与产业集聚政策及其联动效用进行定量与定性分析，以验证理论研究分析结论；在明晰新型城镇化与产业集聚政策联动不足及原因的基础上，将著作、期刊、报刊、网络上的有关理论研究与现实社会的建设实践相结合进行相关对策探究。

第一篇

政　策　篇

第二章

中国新型城镇化发展规划解读

　　我国的城镇化建设经过一定时期的探索取得了较高成效，城镇化率也得到较高提升，不仅城市规模有所扩张，而且城市经济发展水平获得一定的提高，形成了具有一定竞争力的区域城市群。但是，我国传统的城镇化建设多以粗放式方式进行，不仅城市总体规划不合理，造成城市拥堵等"城市病"，而且造成大量资源浪费和生态环境损害，降低了城市经济社会发展质量。为了全面提升城镇化建设质量，实现经济社会的可持续发展，在全面深化改革的背景下，我国的城镇化建设也逐步实现转型升级，特别是《国家新型城镇化规划（2014—2020年）》的出台，为我国未来城镇化发展提供了指导思想、基本原则、发展路径、主要目标和战略任务。

第一节　有序推进农村人口城镇化

　　新型城镇化发展规划是在治理理念更新的基础上，提出以人为核心解决国民工作、生活问题；以城乡统筹、城乡一体化发展提升全民发展环境；以产城良性互动提升城镇经济，乃至经济社会提质增效发展。由此可见，农业转移人口城镇化是当前新型城镇化发展的战略任务；产业集聚发展通过提升产业自身联动效应，提升全民就业效率，夯实社会发展物质基础，进而成为新型城镇化建设的重要支撑。

一、农业转移人口落户城镇

由于传统的城乡人口二元制管理模式，造成农业转移人口难以落户于城镇，导致农民工无法充分享受到所工作、生活城镇的社会保障、公共服务等，既阻碍了农民工的自身发展，也降低了城镇人口集聚功能，致使人口集聚支撑城镇发展效率低下，严重影响着城镇的健康发展，必须进一步完善农业转移人口落户城镇体制制度，为新型城镇化建设提供充足的人口支撑。

新型城镇化发展规划以人为本地明确提出，各级各类城镇应依据自身人口承载力，科学合理地预测城镇发展所需人口，积极深化改革户籍管理制度，依据城市规模差异化地完善农业转移人口落户制度。基于此，各级、各类城镇在挖掘自身发展潜力，着眼于城镇未来发展的人口需求，在综合度量城镇人口吸纳力、承载力的基础上，依据城镇自身人口需求特征，将已在本城镇连续就业年限、连续居住年限、连续参保社会保险年限等实施积分制，以达到一定的积分作为基本落户条件，以城镇产业或企业当前亟须拥有某些专业技能、专业知识，特别是能够优化城镇产业结构，促进产业转型升级和未来发展，提升城镇经济社会发展效率的专业技能作为城镇落户的优选条件，吸纳农村转移人口落户城镇。同时，在制定农业转移人口落户制度方面，以城镇发展规模、人口规模，在充分考虑到城镇基础设施、基本服务等方面承载力的基础上，着眼于城镇未来发展需要、产业发展需要、资源利用要求等实行基本条件、积分制等差别化落户政策。对于特大城市，要严格控制人口规模，应提高外来人口落户条件，不仅仅要大幅提高城镇落户基本条件的年限要求、积分标准，还要增加较高标准的信用程度、工作经验、教育程度、工资水平及劳动成果等能反映落户人员高素质、高能力的要素作为充分条件；对于大中城镇，在预测城镇未来发展人口需求量及承载量的基础上，适当提高城镇落户基本条件的年限要求，适度增加信用程度、工作经验等作为附加条件；对于小城镇，在新型城镇化建设过程中，随着城镇规模增长、产业集聚发展，需要大量的人口支撑，但长期忽视甚至停滞发展导致其人口规模较小，人口支撑严重贫乏，应取消城镇落户限制，依据人口落户意愿，全面放开外来人口落户。2013年以来，特别是在新型城镇化规划发布后，各级各地政府积极采取措施，依据城镇实际优化城镇户籍制度体制机制，稳步推进农村转移人口城镇化，城镇人口规模及所占比重都有较高程度增长，极大地提升了人口城镇化力度，如表 2 - 1 所示，政策效应凸显。据 2018 年《中国统计年鉴》数据，2015 ~ 2017 年，全国城镇人口年均增长 2.78%，所占比重年均增长 2.21%。

表 2 - 1　2015 ~ 2017 年中国城镇人口及比重

年份	城镇人口（万人）	同比增长（%）	城镇人口所占比重（%）	同比增长（%）
2015	77116	2.94	56.10	2.43
2016	79298	2.83	57.35	2.23
2017	81347	2.58	58.52	2.04

资料来源：2018 年《中国统计年鉴》。

二、保障城镇基本公共服务覆盖农业转移人口

大量的农民工无法充分享受城镇基本公共服务，导致农民工利益得不到保障，制约着城镇人口集聚功能的发挥，城镇基本公共服务覆盖范围拓展亦亟须解决。

（一）保障农村转移人口随迁子女平等受教育权

新型城镇化规划在中小学生学籍管理、教育财政保障、入学方式及升学考试等方面明确提出要求，从财政经费、师资队伍和学校等方面做出具体规划指导。在学校承载能力范围内，以公办学校为主体便捷解决农村转移人口随迁子女入学问题，或者鼓励和支持普惠性民办学校参与解决其入学问题。在农村转移人口随迁子女在流入地参加升学考试的，地方政府及教育部门，应根据实际情况制定相应的规章制度，以保障农村转移人口随迁子女享受公平、公正、合理的升学待遇。2013 年以来，各级各地政府积极采取措施切实保障农村转移人口随迁子女平等享受教育权，进城务工人员子女接受城镇九年义务教育规模出现较高程度增长，如表 2 - 2 所示，极大地提升了人口城镇化的吸引力，政策效应凸显。据 2016 年和 2015 年《中国统计年鉴》数据，2014 ~ 2015 年，全国进城务工人员子女接受城镇九年义务教育规模年同比增长 5.59%。

表 2 - 2　2014 ~ 2015 年全国进城务工人员子女接受城镇九年义务教育规模

年份	普通小学（人）	初中（人）	同比增长（%）
2014	9555861	3391446	6.07
2015	10135581	3535380	4.25

资料来源：2016 年、2015 年《中国统计年鉴》。

（二）建立健全农村转移人口公共就业创业服务体系

农村转移人口进入城镇，亟须解决的就是能够在城镇有效就业创业，地方政府应帮助农村转移人口提升与城镇现有就业创业及职业素质适应性和能力，同时着眼于提升其与城镇就业创业和职业未来发展需求相匹配的素质与能力。这就需要地方政府整合社会职业教育与培训资源，建立健全全民参与农村转移人口职业素质和能力培训体系，以政策扶持、财政补贴、资金支持和信息服务等方式鼓励农村转移人口积极参加职业素质和能力提升培训，鼓励支持高等学校、职业院校和其他社会职业培训机构，在政府引导、市场主导下，以充足的师资队伍、培训空间，网络远程培训、集中培训、定制培训、定期与不定期培训等灵活的、符合受训人员时间安排的培训方式，特别是以未来社会发展需求技术作为培训内容，以现场教授、场外辅导等方式强化培训效果，提升培训质量，以提升农村转移人口、城镇其他外来人口在城镇就业创业能力。同时，还要为农村转移人口在城镇就业创业提供政策扶持，降低农村转移人口在城镇就业创业"门槛"限制，拓展农村转移人口就业创业途径。建立健全城镇就业创业信息管理系统的服务功能，为农村转移人口提供免费的就业创业信息服务，以实现农村转移人口方便快捷地掌握就业创业机会，促进农村转移人口快捷就业。

（三）提升社会保障服务率

农村转移人口市民化，不是简单的落户和身份转变，一个非常关键点就是农村转移人口能够广泛地、平等地享受到社会保障，以提供农村转移人口在城镇可持续发展的保障。一方面，构建城乡一体化、城乡统筹、同效的社会保障机制，同质按需配置社会保障资源，特别是要加强经济社会欠发达区域社会保障水平的提升，积极推进和实现社会保障范围扩展，实现城乡居民享受到合理、便捷的社会保障，提升农村转移人口交保和参保的连续性，不仅覆盖充分就业居民，还要覆盖灵活就业居民，特别是针对失业、待业人员实行财政补贴的社会保障，以保障农村转移人口享受社会保障的权利。另一方面，依据城乡居民收入水平、社会保障资源状况，科学合理的社会保障资源配置方式等完善社会保障体系，以充足的、优质的、高效的社会保障资源保证城乡居民享受到社会保障。从交保费率、交保主体、交保覆盖率、交保种类等方面完善社会保障体系，积极整合城乡养老保险、社会救济、医疗保险及生育保险等社会保障子系统，推进全国统一联网的参保和享保的社会保障服务网络，强化和提升企业等单位的交保责任，实施商业保险与社会保险相结合的社会保障形式，为社会保障服务提供坚实基础。2013 年以来，各级各地政府积极采取措施切实保障农村转移人口城镇化后平等享受城镇社会保障权，城镇基本养老、医疗保险以及全国失业、工伤及生育保险率等均出现较高程度增长，如表 2－3 所示，社会保障服务率快速增长，极大地提升了人口城镇化的吸引力，政策效应凸显。据 2018 年《中国统计年鉴》数据，2015～2017 年，城镇基本养老保险规模年均增长 5.70%。

表 2－3　　　　　　　　**2015～2017 年城镇社会保障规模**　　　　　　单位：万人

年份	基本养老保险	基本医疗保险	失业保险	工伤保险	生育保险
2015	35361.2	66581.6	17326.0	21432.5	17771.0
2016	37929.7	74391.6	18088.8	21889.3	18451.0
2017	40293.3	117681.4	18784.2	22723.7	19300.2

资料来源：2018 年《中国统计年鉴》。

（四）深化城乡社会基本医疗卫生服务改革完善

保障城乡人口身体健康是社会基本医疗卫生服务的首要任务，特别是传染病、重大疫情和公共卫生事件，不仅影响国民身体素质，同时也影响着社会安全稳定。从城乡一体化的角度出发，各级各类城市、乡镇以及村委所在地等依据常住人口配置基本医疗卫生服务资源，以保障社会基本医疗卫生服务全覆盖。首先，完善社会基本医疗卫生服务体系建设规划，强化和加强人口密集区基本医疗服务配置，从疾病监测、传染病预防、计划生育，特别是重大疫情、公共卫生事件预防与处理等方面完善社会基本医疗卫生服务内容，以提升和完善社会基本医疗卫生体系服务功能。其次，完善和提升社会基本医疗卫生服务队伍和基础设施建设，从医疗卫生服务人员数量、卫生安全保障、服务技能等方面提升社会基本医疗卫生服务水平，从医疗卫生资金支持、检测设备、常用药品，特别是全国性的接种疫苗等方面保障和提升社会基本医疗卫生服务功能。最后，拓宽社会基本医疗卫生服务对象覆盖范畴，从突破行政区划、部门分割等阻碍社会基本医疗卫生服务因素着眼，不仅将辖区类居民纳入社会基本医疗卫生服务体系，而且还应覆盖辖区随迁人员、外来人员，特别是构建跨区域、跨行政区划的社会基本医疗卫生服务体系，以保障国民随时随地、及时安全地享受到社会基本医疗卫生服务。

（五）完善和提升城镇住房保障功能

新型城镇化建设规划明确提出以多种形式拓宽住房保障渠道，为解决城乡住房问题拓展了途径。居有定所是人类追求的必然之一，新型城镇化推进了农村转移人口向城镇集聚，城镇人口对住房需求随之增长，完善城镇居民住房保障将有力地提升城镇人口集聚的吸引力，为新型城镇化建设和产业集聚发展提供劳动力支撑。基于此，新型城镇化建设应从保障人人有居所、居住条件改善、居住成本降低等方面完善城镇住房保障体系；进一步扩大城镇各级各类住房建设，扩大城镇住房保障体系的覆盖范围、覆盖层级，特别是将农业转移人口全部纳入城镇住房保障体系，强化农业转移人口城镇住房保障，政府应在城镇整体规划基础上，保障住房建设所需土地、资金，鼓励和支持商品房配套建设，特别是以用地优先、税收优惠等方式鼓励和支持社会资本加大经济适用房、保障性住房建设力度以提供充足的房源；以廉租房、公租房、租赁补贴等多种方式提升和改善农村进城务业人员居住能力及居住条件，以财政投资、社会资本投资及企业投资等方式建设单元型、公寓型、宿舍型租赁房，为农民工提供质优价廉的居住条件，提高、改善和保障农民工居住条件，降低农民工居住成本。在商品房开发建设过程中，以土地优先供应、简化行政审批、财税优惠等政策措施鼓励和支持商品房开发商建设一定比例的经济适用房、廉租房等房源，提升城镇住房保障能力；同时，在使用许可范围内，用地标准符合要求情况下，优先保障能够降低农民工住房成本的经适房、廉租房等用地需求，适当降低经适房、廉租房建设用地费用甚至无偿供应土地，优先保障农民工入住经适房、廉租房，降低农民工住房成本，提升农村转移人口住房保障效率。2013 年以来，各级各地政府积极采取措施切实保障农村转移人口城镇化后平等享受城镇住房保障，在积极进行商品房住宅价格的同时，合理规划城镇住宅用地供应，扩大城镇住宅投资建设规模，如表 2 - 4 所示，城镇住房保障服务率快速增长，极大地提升了人口城镇化的吸纳力，政策效应凸显。

表 2 - 4　　　　　　　　　　2015～2017 年城镇住宅建设情况

年份	土地供应（万平方米）	房地产企业住宅投资（亿元）	竣工住宅（套）
2015	22810.79	64595.24	7050109
2016	22025.25	68703.87	7455409
2017	25508.29	75147.88	6770598

资料来源：2018 年《中国统计年鉴》。

三、建立健全高效优质的推进农业转移人口市民化机制

（一）建立和完善成本分担机制

农业转移人口市民化是一项复杂的系统性社会工程，关乎城乡居民切身利益，涉及政府、企业及个人等多种实施主体责任，对城镇空间、基础设施、基本服务、公共服务、资源需求等提出增长需求，为提高城镇人口集聚能力、承载能力，满足城镇人口工作、生活需要，城镇必须通过合理规划、科学布局、适当建设相关配套建设，带来城镇投资成本的增加。在农业转移人口市民化过程中，应当科学合理划分政府、企业和个人的义务与责任，构建农业转移人口市民化责任机制，在合理分配农业转移人口市民化相关各方主体职责的基础上，构建农业转移人口市民化各类相关主体成本分担机制。中央政府负责统筹规划政策、制度的制定，明确总体指导思想、基本原则、战略任务，弱化制定具体实施措施功能；省级政府应当在全国统筹规划指导下，结合本行政区域实际，在衔接区域统筹协作的基础上，负责本行政区总体安排，包括指导思想、基本原则、战略任务以及配套政策制定，特别是扶持政策的制定更要结合实际；市县政府结合实际，负责制定本行政区城市和建制镇贯彻中央和省级政府相关政策、规定的具体方案和实施细则，特别是明确具体实施措施，以保障中央、省级政府政策有效落实。因此，各级政府应根据基本公共服务事权划分，不仅要提供必要的政策支持，而且还要为城镇居民提供劳动就业、义务教育、养老、医疗卫生等社会保障服务，因而政府应承担相应服务基础设施、市政设施建设成本，承担相应的财政支出。企业在消费农民工劳动的基础上开展生产经营，实现经营收入，因而企业要承担相关政策、法律法规所规定的技能培训、相关社会保险成本费用，为农民工工伤有责任承担方、养老有依托、医疗有保障、失业有救助等方面保障的同时，提升农民工服务企业的能力。农民工

要积极参加城镇社会保险、技能培训和职业教育等以提升个人对城镇的适应能力，并按照相关规定承担必要的支出费用。

（二）完善农业转移人口社会参与机制

农业转移人口市民化，不仅要实现在城镇就业，而且还需要融合于城镇社会，参与城镇社会管理。要从全社会来建立和完善农业转移人口社会参与机制，从保障农民工权益、参与企业经营管理、纳入工会成员以及关心关怀农民工，提升农民工对企业忠诚度，形成企业主人翁精神，从而积极为企业发展献言献策，全身心投入企业健康发展过程中，进而融入企业；从待遇公平、资源公平、同等教育，尤其是平等入学、升学等方面保障农民工子女接受教育权利，从师生关系融洽、生生关系融洽、杜绝城乡区别等方面保障农民工子女融入学校，从社区服务覆盖率、家庭帮助、邻里友好等方面推进农民工家庭融入社区；从参与社会管理、公平享受社会保障、消除就业创业歧视等方面推进农民工群体融入社会。

第二节　深化土地城镇化

伴随着新型城镇化的推进，土地城镇化进程也在加快，土地用途、土地结构、土地使用效率都发生了深刻变化，传统的土地管理制度已不适应当前的土地供给和需求、开发与利用的要求，在有限的土地供给和迅速增长的土地需求形势下，应从完善法律法规治理机制、盘活存量、严惩土地闲置、禁止和严惩违法用地等方面提升土地节约集约利用；从优化土地利用规划、宏观调控、合理配置以及完善城乡土地开发整理等方面优化完善城乡土地利用结构；从完善农用地指标体系、非农用地指标体系，强化土地复种、复垦、复建、养护以及土地空间承载率等方面提高土地利用效率。

一、建立健全城镇用地规模结构调控机制

从土地供给和土地需求平衡、农用地保护等方面出发，在用地规模上，以农用地用补同步、盘活存量、开发闲置等措施严格控制城镇建设用地新增规

模，坚持贯彻执行中央有关城市用地分类、农用地变更要求、规划建设用地标准，特别是耕地保护、生态环境保护等方面严格管控、执行和改善城市建设用地，禁止未经政策及法律法规许可建设用地。同时，对于那些能够高度实现节约集约用地、提质增效能力强、发展潜力充足、产业集聚发展效率高、吸纳人口数量多的中小城市，特别是引领能力强、辐射效应大的"卫星城市"，在深度挖掘存量土地的基础上，适度增加城镇建设用地规模。在城镇建设用地使用途径方面，以降低供给规模、提高用地价格、严格用地标准等手段适当控制工业用地，降低或取缔污染严重的工业用地，从保障农业转移人口市民化住房、提高城镇人口居住条件出发，优先安排、配置和增加住宅用地供给，以提升城镇住房保障能力。新型城镇化规划还提出要实现生态文明，故而要合理安排和配置生态用地，在原有生态环境保护基础上，开发利用生态保护效率高的土地作为生态文明建设用地，特别是加强生态脆弱地带的保护与修复。同时，随着新型城镇化建设推进，城镇基础设施和公共服务设施建设还需扩大规模，要做好城镇该项建设整体规划，统筹安排用地，避免和杜绝无序用地、低效用地，特别是防止重复建设用地。2013 年以来，各级各地政府积极采取措施切实建立健全城镇用地规模结构调控机制，在科学合理调整城镇建设土地征用规模以保障耕地面积的同时，提升城镇建设用地开发力度，如表 2-5 所示，优化城镇内部布局，极大地提升了城镇土地的使用率，政策效应凸显。据 2016 年《中国统计年鉴》数据，2014 年、2015 年城镇建设用地面积年增长率分别为 6.10% 和 3.21%。

表 2-5　　　　　　　　　　2013~2015 年城镇建设用地情况

年份	城镇建设用地面积（平方公里）	同比增长（%）	城镇建设土地征用（平方公里）	同比增长（%）
2013	47108.5	2.97	1831.6	-15.26
2014	49982.7	6.10	1475.9	-19.42
2015	51584.1	3.21	1548.5	4.92

资料来源：2016 年《中国统计年鉴》。

二、深化改革国有建设用地有偿使用制度

新型城镇化建设过程中，为充分实现有限土地的高效利用，还必须进一步

深化改革和完善用地有偿使用制度，以提高土地使用效率和补偿程度。从扩大土地有偿使用范围，特别是强化经营性、竞争性以及非社会事业性土地有偿使用，提高土地有偿使用比重和额度，精简土地划拨目录体系，降低土地行政划拨比重，完善和提升市场机制配置方式比重与途径，以出让金、补偿金、红利分配等方式完善和丰富土地有偿使用方式等方面进行管理制度改革。前期出现的土地使用效率低下、存量土地及闲置土地问题，在一定程度上是因为土地有偿使用制度的缺乏。必须在新型城镇化发展规划、城乡土地统筹利用规划的基础上，合理制定土地有偿使用范围体系，严格控制用地审批和审核，合理降低行政划拨土地范围，特别是减少非公益性建设用地划拨规模，禁止不符合城镇发展、土地总体利用规划和产业集聚发展需求的土地使用的许可和配置，对纳入土地有偿使用范围的划拨土地，通过征收土地年租金、收益分配、未合理使用惩罚金等多种方式纳入有偿使用范围，以实现土地的合理使用，完善和规范土地市场，提升土地的优化配置率和使用效率。

三、建立健全节约集约用地制度

土地的粗放式使用是造成土地效率低下、土地资源浪费等问题的主要原因之一，新型城镇化建设过程中，必须建立健全节约集约用地制度，以提高土地使用效率，实现土地集聚对新型城镇化建设和产业集聚发展的良性支撑。首先，完善各类土地分类和建设用地标准体系。在城镇用地划分方面，细化土地分类标准，可以在城镇核心区用地、中心区用地、其他区用地划分基础上，再进一步划分为工业区、类工业区、商业区、类商业区、居住区、类居住区等类型；在科学论证、合理计量的基础上，适当提高土地容积率、产出率、生态保护率、土地使用属性复合性、建筑物用途及高度等标准，特别是加强工业建设用地、工程建设用地标准控制。其次，强化土地使用过程中高效利用的激励约束。应以政府引导开发利用与监督、市场运作开发利用、社会公众参与开发利用与监督，强化土地使用效率监察，建立健全严格的土地使用退出机制，对低效用地、闲置土地主体实施严格的终止和收回土地使用权，并收取高额惩罚金，禁止今后土地使用；以政策倾斜、税收优惠、土地优先配置等方式激励土地高效利用主体，特别是针对城镇低效用地、存量用地在加强生态保护的同时再开发、深度挖潜主体，在利益共享的基础上，适当给予财政补贴、税收减免、延长使用期等以降低再开发主体开发成本，提升其收益。最后，完善农村土地综合利用运行机制。强化农村土地综合利用的优化调整、规范整治，在合理规划和城乡建设用地增长的同时，通过提高土地使用效率、储备土地农用化、工矿废弃地复垦利用、改善修复劣质土地、宅基地变更耕地等做法补充农用地；对农用污染场地进行严格的土质、环境等评估和无害化治理，只有达到用地标准的土地才能进入土地市场进行开发利用，禁止未经评估、评估不合格和未经无害化治理的土地流转和开发利用。同时，强化实施政府引导、市场运作；强化农村土地登记，加快农村土地市场信息化建设，实现供需无缝对接；实施城乡土地统管体制，禁止和杜绝多头管理、隐性交易。

四、深化农村土地管理制度改革

（一）改革征地制度

坚持和完善最严格的、数量与质量并重的耕地保护制度，实施增减挂钩，坚守耕地红线，建立健全相关法律法规，依法保障农民对土地使用权、收益权等权能，为集约节约利用土地，实现土地提质增效而进行的农村土地使用途径变更、盘活抛荒土地等提供基础。对于宅基地使用，要严格执行使用标准，禁止多占、乱占，在宅基地流转、变更用途等的过程中，不仅要保障农户宅基地权益，而且还要保障宅基地附属物物权，建立健全宅基地附属物，特别是住房等农户财产转让、抵押、担保、租赁、入股等收益权。同时，政府应依据当前农村土地形势，出台相应的限制和缩小征地规模、范围和征地程序等方面的政策法规，特别是强化规范征地补偿的相关政策法规，着眼于被征地农民长远发展，合理地提高征地补偿标准、收益期数，进而促进被征土地合理开发、效率提升。

（二）强化耕地保护制度

耕地红线是耕地保护、保障耕地规模的底线。而耕地保护制度仅仅着眼于坚守耕地红线还远远不够，不仅要坚持耕地红线，而且还要不断提升耕地质量。在新型城镇化建设中，要统筹规划农村土地用途，严格执行和落实土地用途管理制度，完善耕地置换、变更管控，加强干部选拔、职位升迁过程中耕地保护成效的参考比重，对耕地保护成效显著主体，可优先选拔、任用，以强化政府耕地保护意识，提升政府耕地保护水平。同时，在耕地保护过程中，还要注重耕地质量的改善与提升，建立健全土地质量信息管理系统，以科学种植、合理施肥等方式提升农用地质量。

第三节　完善城镇化良性发展机制

一、优化提升东部地区城市群发展质量

东部地区城市群依据其沿海等优势，一直作为我国改革开放最前沿，城市经济社会发展质量、水平相对内地城市处于较高程度，发展速度相对较快。但由于传统的粗放式发展，东部城市群也暴露出水土资源短缺、生产要素供应不足、能源贫乏、要素成本快速攀升、人口密度过高、生态环境保护压力加大、发展方式与国际接轨能力不强等诸多不利于经济社会可持续发展的问题。究其原因，主要是东部地区城市群空间布局、规模结构、分工协作、功能互补不够合理，导致城市间竞争激烈、内耗严重。因此，优化提升东部地区城市群就要合理实现城市群的分工、布局，针对特大城市经济活力最强、发展方式和生产技术相对先进、开放程度最高、国际接轨和竞争力相对较强、创新能力最强的特点，应以制度创新，进一步增强生态环境保护能力，继续深化改革开放，加快与国际接轨，强化经济社会发展引领功能，以建设世界级城市为目标。上海市积极采取措施调整产业结构，大力发展第三产业，城市发展质量大幅提升，吸收外商直接投资能力显著增长，如图 2 - 1 所示。针对大中城市，相对特大城市来说城市空间压力较低、产业提升空间较大，应依据城市功能主体定位，从优化产业结构、提升创新能力等方面发展壮大现代服务业、新兴战略产业，不仅为城市自身经济社会发展提供支撑，而且对周边城市群提供支撑，特别是提升生产性服务业对城市群的支撑，形成城市群功能互动、优势互补，进而实现东部地区城市群优化提升。在国家宏观政策支持下，东部地区城市群吸收外商直接投资大幅增长，如图 2 - 2 所示；在中心城市带动下，东部地区经济社会效益日益提升，国内生产总值（GDP）规模也实现持续增长，如图 2 - 3 所示，城镇化良性发展机制逐渐完善。

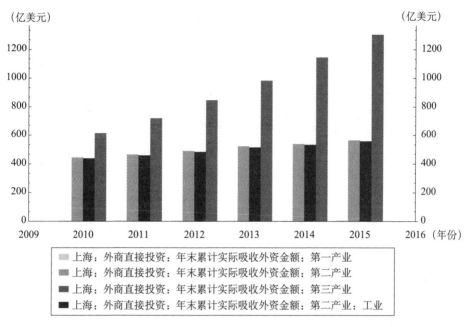

图 2 - 1　2010~2015 年上海三次产业吸收外商直接投资额

资料来源：中国国家统计局网站。

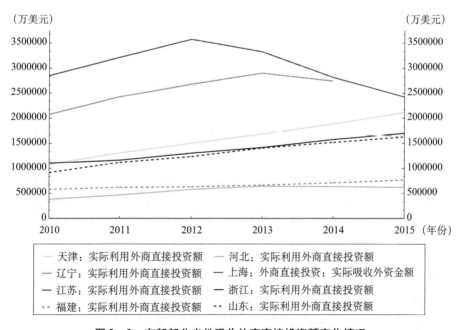

图 2 - 2　东部部分省份吸收外商直接投资额变化情况

资料来源：中国国家统计局网站。

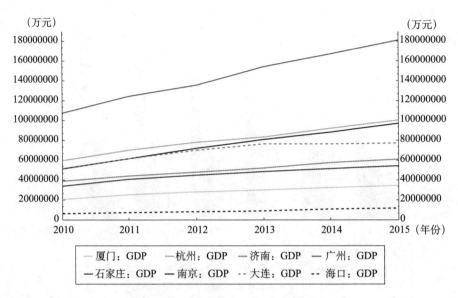

图 2-3 东部部分城市 GDP 变化情况

资料来源：中国国家统计局网站。

二、培育发展中西部地区城市群能力

中西部地区能够承接东西、南北，辐射八方，例如武汉号称九省通衢，拥有自然资源丰富、经济结构和产业结构调整空间充足、旅游业发达等优势。但是，相对东部沿海城市，中西部城市相对落后，城市经济社会发展水平虽较前期有所提升，但依然存在产业结构层次低、生产技术相对滞后、生产效率相对较低、承接东部产业转移能力不足、人口集聚吸引力相对较低等劣势。因此，中西部地区城市群培育与发展必须着眼于优势发挥、劣势的扭转。依托交通优势发展壮大现代物流业，粮食主产区发展农产品深加工业，以技术改造和技术创新促进经济结构和产业结构转型升级，强化承接东部地区产业转移、人口转移能力，在严格保护生态环境的同时，深度挖掘开发以旅游业为主的服务业。特别是中部地区城市群，不仅要充分发挥其交通优势，而且还要充分发挥水资源丰富优势，深度开发水能发电等清洁能源。同时，强化中西部地区城市群分工合作、协同发展，中西部地区要逐步进行技术创新、技术引进，提升西部生产效率和产业产能，中部地区应充分发挥东西、南北优势，将西部地区能源、资源输送至东部地区。特别是发挥一带一路倡议建设中西部作为"丝绸之路"重要隘口优势，贯通国内国外、东西南北，以实现全国范围内的城市群良性互动，扩大中西部城市群对外开放。在国家宏观政策指导下，中西部地区实际利用外商直接投资额及GDP规模日益增长，如图2-4和图2-5所示，城市群发展能力不断提升。

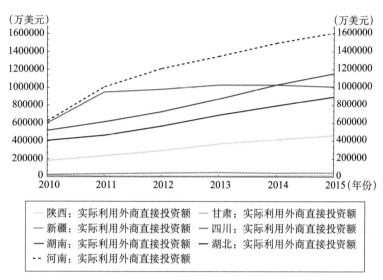

图2-4 2010～2015年中西部地区实际利用外商直接投资额情况

资料来源：中国国家统计局网站。

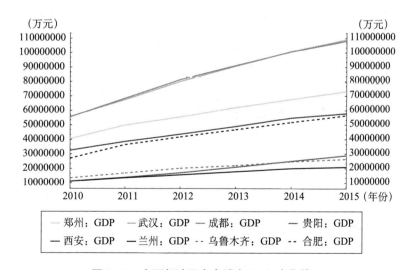

图2-5 中西部地区省会城市GDP变化情况

资料来源：中国国家统计局网站。

三、建立健全城市群协调发展机制

新型城镇化建设不仅需要实现城市自身良性发展，而且还要实现区域乃至全国城市，特别是城市群之间的协调互动发展，以实现全国经济社会发展的整体水平的提升。首先，统筹全国城市群建设规划。通过依托区域城市所具优势、区域特色建设区域城市群，明确区域城市群功能定位与分工，进而形成全国城市群的功能互动、分工合作。其次，统筹全国城市群之间交通基础设施、信息服务网络设施以及统一的人口管理制度，以实现全国城市群人口互通、物质互通、信息互通，为城市群协调发展奠定物质基础、人口基础及信息基础。最后，促进各类城市协调发展。依据城市规模、城市经济实力以及城市区位优势，重点增强中心城市对周边城市乃至全国的经济辐射带动功能，沿海中心城市加快经济结构和产业结构转型升级，提升参与国际化竞争能力和竞争程度，引领其他城市加大改革开放程度；加快和提升中小城市发展质量和速度，强化其产业与资源匹配程度，以优势产业和特色产业夯实产业发展基础，提升产业发展效率，为中心城市提供产业支撑，完善教育、卫生医疗等公共服务建设质量，增强中小城市要素集聚吸引力，以保障城市群的协调发展；有重点地发展小城镇，以小城镇疏解中心城市功能、配套服务中心城市功能为基础，以完善商贸物流体系、资源深度加工、服务业深入发展、交通运输体系现代化等措施重点发展特色资源丰富、区位优势明显、支撑中心城市功能强的小城镇，以形成对中心城市和周边城市的强力支撑，实现城市群协调发展。

四、强化城市产业就业支撑

（一）优化升级城市产业结构

城市产业结构不仅影响城镇发展速度和质量以及城镇产业自身发展，而且还直接决定城市人口就业结构。因而，优化升级城市产业结构，在促进城镇、产业转型升级发展的同时，将有效地提升城市人口就业结构、容量和质量，提升城镇和产业人口承载能力，为城镇经济发展提供优质的人口支撑。首先，提升城市、产业匹配度。科学评估城市资源环境承载能力，精准把握城市要素禀赋，准确定位城市比较优势，同时，深刻把握产业发展所需资源、要素禀赋，培育能够充分借助城市优势、资源环境承载强、能高效发挥支撑城市发展功能的产业发展，进而培育发展具有城市特色的产业体系，提升产城匹配度。其次，深入开展产业转型升级。从降低能源消耗、资源消耗、提升生态环境保护能力等方面强化新技术、新工艺、新材料、新能源运用；从发展模式改革、经营业态提升、新兴业态培育等方面实现产业转型升级整体突破；以产业主导、产业创新、技术研发、工艺挖掘等方式提升产业转型升级保障。再次，大力发展和完善服务业。重点强化产业支撑能力强、生产效率高和生态环境保护能力强的服务经济业态，加快生产性服务业、生活性服务业发展业态，发展质量提升，特别是在制造业密集发展区域，以专业化、市场化、社会化运行机制发展壮大生产性服务业，以管理创新、组织结构创新提供生活性服务业发展活力，以低碳环保促进生活性服务业发展方式转变，以"互联网＋"等先进业态促进生活性服务业转型升级。最后，增强城市间产业专业分工、支撑协作联动。

（二）增强城市创新能力

创新驱动发展已上升到国家战略，城市创新也是城市可持续发展的重要支撑源泉。当前，城市创新能力的培育应进行创新软硬环境双提升。在创新软环境提升方面，建立健全支撑创新的政策、制度、金融和文化氛围营造。完善支持大众创新的财税政策、人才政策、减负政策、投资政策、创新保护政策、创新成果转化政策以及产学研协同创新激励政策；加快推进政府"瘦身"改革、简政放权，规范完善必要的行政审批程序，提升金融服务体系服务功能，完善金融服务风险防范体系，构建大众创新、全民创新激励机制，激发释放社会创新活力。在创新硬环境提升方面，建立健全创新人才培育基地、创新基地、创新孵化器等创新公共平台，加快创新成果转化平台建设，创新信息管理系统建设，以吸引创新人才集聚，形成创新集群，提升城市综合创新能力。

（三）营造良好就业创业环境

城市人口实现充分就业创业是推动城市经济社会发展的重要因素，而城市就业创业环境直接影响和决定人口就业创业质量和效率。营造良好的就业创业环境，各级各类城镇应结合自身实际，依托城镇自身优势，强化就业创业培训教育政策支持，提升城乡居民就业创业能力，完善就业创业服务体系，加强就业创业引导，以创业促就业，以就业促创业，丰富就业创业项目开发，创造就业创业机会。从制定和完善就业创业政策支持体系、构建和健全就业创业平台支持体系、完善就业创业财政金融支持体系、建立健全就业创业投资引导体系出发，以税收减免等方式建立健全就业创业财税优惠体系，以社会保障、商业保险等措施构建就业创业保险体系，强化和完善创新成果转化激励体系，从而营造全民有意愿、有能力、有支撑、有保障、有方向的充分便捷就业创业环境。

五、强化和提升生态文明建设

一是进一步完善生态文明、环境保护的考核评价机制。进一步拓展生态环保范围，提高环保评价考核指标，提升资源消耗、资源效率、能源效率、能源消耗、环境损害、生态效益等因素在生态环境考核评价体系中的比重，特别是降低或取消限制开发区、环境恶化区、生态脆弱区 GDP 考核，提升生态改善效率考核评价力度。二是建立健全国土空间开发保护制度。制定和完善全国一体化的国土资源空间规划，实施国土资源现状的统一调查统计，从整体上明确国土资源空间分布、质量状况等，建立健全国土资源规模、开发现状、利用效率以及国土资源质量等信息管理系统，为国土资源空间开发保护提供最直接信息，进而完善国土资源统筹规划，特别是借助国土资源信息系统强化农用土地、生态用地开发保护。三是建立健全资源有偿使用和生态补偿制度。加快资源交易体系建设，进而完善资源市场运作机制，以政府引导、市场主导加快深化改革资源利用、资源投资及资源利用、价格体系，实施资源有偿使用制度，特别是强化稀缺资源的管控制度，禁止和杜绝对生态环境破坏严重的资源开发利用。同时，以政策、法律法规强化生态补偿制度，杜绝先破坏、先污染后治理现象出现，提升补偿标准，扩大补偿范围，拓展补偿方式，以实现生态环境质量的优化提升。四是完善资源环境产权交易机制。从排污排废、污水治理、污水再利用、废气废渣再利用等方面，以第三方治理，市场化运作完善交易制度。五是强化环境监管、惩治制度。从扩大污染物监管范围，提高污染物排放许可标准、环境治理标准、污染物治理标准以及废弃物处理标准等出发，建立健全严格的环境监管制度；实行简政放权，独立监管和执法体系，坚决取缔政府干预环境监管执法行为，强化环境监管和执法的法律法规权威，执行最严格的环境破坏行为法律法规惩治制度，提升环境损害行为成本。

第四节　中国城镇化建设模式典型实践探究

纵观国内外城镇化建设实践，有关城镇化概念、发展模式和实现路径等还没有一个普遍认同的界定，各国城镇化建设模式各异。国外城镇化建设有其先进经验，也有其不足。英国城镇化建设以城市与农村变革同步推进，虽然满足了部分工业的劳动力需求，但破坏了农业发展基础；美国城镇化建设以低密度蔓延式扩展，虽然缩小了城乡差距，但造成了土地大量征用、土地用途偏颇、土地过分集中等问题，导致土地浪费严重；苏联实行政府主导的城镇化建设，以行政规划、指令作为强力推动手段，虽然在统一部署下快速提升城镇化率，但忽视了市场调节作用，拉大了城乡差距，城乡"二元结构"凸显，严重影响了社会经济发展；亚洲新兴工业化国家（地区）采取城乡交错发展，以城镇辐射带动农村发展，但忽略了依托产业支撑培育城镇化辐射带动效能，诸如"亚洲四小龙"城市发展轨迹证明这一发展模式已导致城镇发展缺乏可持续性支撑。我国的城镇化建设前期注重政府主导，在经历了快速发展后，城镇化建设理念有所提升，逐渐注重和利用市场机制调节功能，也呈现出城镇集聚水平迅速提升，但同样也造成了城镇规模和人口过度膨胀、土地资源巨大浪费、产业支撑严重不足和生态环境急剧恶化等问题，促成了政府、城市规划者的深刻反思，"新型城镇化"理念和实践应运而生，特别是《国家新型城镇化规划（2014—2020 年）》的出台，在城镇化建设方向、任务和途径等方面进行高瞻远瞩的规划，城镇化模式和实现手段等得以科学优化，涌现了一批实践典型，为我国"新型城镇化规划"顺利实施和精准落地提供了坚实的实践经验，也为我国城镇可持续发展奠定了基础。

一、成都：统筹城乡发展

在国家城镇化相关政策指导下，成都市结合自身实际情况，2003 年全面启动"统筹城乡经济社会发展"规划，以城乡互动推进城乡一体化协调发展。

成都市以土地确权颁证保障农民"不失地",开展土地集中经营,实现农业产业化经营;以适合农民生产生活方式,开发农业延展产业项目;积极创新政策制度,完善农村资源市场化配置机制,优化城镇化发展环境"三大重点工程"为统筹城乡发展抓手。在充分论证的基础上,以实现科学规划为引领,以提升城镇人口、产业集聚力为基础,建设经济社会集中发展区,以产业转型为基准,推进节约集约工业向相应集聚发展区集中,进而提升城镇低碳发展能力;在保障和提升效率发挥的前提下,实现农村生产要素良性流转,特别是推进农用耕地有序流转,向适度规模经营集中;合理推进农村转移人口到城镇就业,实现人口逐渐向城镇集中的"三个集中",推进城乡统筹发展。

成都模式不仅推动了农村经济社会良性发展,提高了农村自身发展能力,而且极大地提升了城镇化建设效率,城镇集聚力和吸纳力得以显著提升,城乡人口结构得以改善,城乡协调发展日益明显,产业结构逐步优化,生态环境保护效果凸显,为我国新型城镇化建设提供了先进经验。据 2004 年《成都统计年鉴》数据,成都市地区生产总值、农业总产值、工业增加值、就业人口和城市居民人均可支配收入等国民经济发展总量指标、国民经济发展速度指标 2004 年同比都有较大幅度增长,工业"三废"排放等增幅下降,生态环境得以改善,如表 2-6 所示。

表 2-6　　　　　　　　成都市国民经济发展部分指标变动情况

项目	2003 年	2004 年	项目	2003 年	2004 年
地区生产总值（亿元）	1870.9	2185.7	工业废水排放总量（万吨）	32601	32965
农业总产值（亿元）	243.8	283.2	工业废水排放达标量（万吨）	31072	31509
工业增加值（亿元）	670.43	789.74	工业废气排放总量（亿标立方米）	1052.67	1153.53
非农业人口（万人）	386.23	453.73	工业废气燃烧过程排放量（亿标立方米）	536.91	561.68
农业人口（万人）	658.08	605.96	工业废气生产工艺过程（亿标立方米）	515.77	591.85
城镇从业人员（万人）	178.78	200.06	工业烟尘排放量（万吨）	20.08	20.31
乡村从业人员（万人）	391.11	379.24	工业烟尘去除量（万吨）	57.62	61.59
城市居民人均可支配收入（元）	9641	10394	工业粉尘排放量（万吨）	3.70	3.46
农民人均纯收入（元）	3655	4072	工业粉尘去除量（万吨）	37.26	41.38

资料来源：2004 年《成都统计年鉴》。

二、天津：以宅基地换房集中居住

近年来，在国家宏观政策指导下，天津市以宅基地换房推进人口集中居住，践行"以人为本"，规划建设产业园区以形成"产业支撑力"等措施稳步推进城镇化建设。通过加强确权、规划流转和使用等监控措施以强化土地政策改革，以宅基地换房推进农民集聚居住，为产业发展提供地理空间；积极完善工作机制，在产业保障配套改革、财政扶持、人才引进和金融支持等方面加大改革力度以推进产业政策创新；以新型小城镇化试点先行，后续经验推广为依托，以产业园区集聚产业支持就业为支撑，逐步实现产业、人口向城镇集聚。为此，天津市新型城镇化第一步以新型小城镇建设为抓手，以宅基地换房，逐步推进农民集聚居住。天津市坚持国家土地使用相关规定，在可耕种土地规模不减原则下，在充分尊重农民土地流转意愿的基础上，以科学的土地规划使用为前提，依托农民宅基地置换住房综合试点，稳步推进实现土地流转，实施土地向城镇集中，妥善解决农村转移人口进镇就业，推进农民以就业为支撑向小城镇集聚。第二步通过强化基础设施、基本服务和保障措施等在提升小城镇建设水平的同时，以产业园区建设支撑产业集聚发展，为城镇经济发展提供产业支撑。天津市在小城镇规划建设方面，突出空间布局未来的延展性以满足长远发展，加强生态保护以改善人居环境，强化公共服务和城镇管理以推进乐居工程。在产业园区规划和建设方面，通过优化和增强园区基础设施布局和投资建设力度，积极调研规划和制定出台园区投资配套扶持政策，强化示范工业园区政策扶持和服务水平提升以吸引优势产业和市场辐射能力强的企业入驻园区，依托产业发展吸纳劳动力就业。第三步是实施"农改非"和"集改股"工程，有序推进人口城镇化。"农改非"就是已完成集体经济组织股份制改革的农民以及在小城镇有合法固定住所、有稳定职业或生活来源的农民，在自愿的基础上均可申请办理"农转非"手续，依法公平享有城镇就业保障和养老保险等城市居民待遇。"集改股"就是在明晰产权的基础上，对集体经济组织实施股份制改革，以保障农民的集体经济组织成员待遇等。第四步推动农村金融体系创新。天津市坚持"草根银行"服务"草根经济"，积极进行村镇银行改革，以《关于促进天津市村镇银行发展的意见》等政策措施支持村镇银行做强做大，充分发挥村镇银行长期扎根农村优势，加快实现"草根银行"在全市重要乡镇营业网点的全覆盖，提高农民的金融话语权，让农民参与金融活动，盘活农村经济资源。

国家新型城镇化规划实施以来，天津市积极探索和推进"特色"示范小城镇建设，已逐渐形成了产城良性融合的社会又好又快发展之路，城镇集聚力和吸纳力明显增强，城乡人口结构得以改善，金融支持效果突出，城乡协调发展日益明显，经济、就业、人均可支配收入等同比大幅度增长，如表2-7所示。据统计，截至2013年底，天津市城镇化率达到78.28%，全国排名第三。

表2-7　　　　　天津市国民经济发展部分指标变动情况

项目	2013年	同比增长（%）	2014年	同比增长（%）
地区生产总值（亿元）	14370.16	12.5	15722.47	10.0
农业总产值（亿元）	412.36	3.8	441.69	3.0
工业增加值（亿元）	6678.60	12.8	7083.39	10.0
金融业增加值（亿元）	1202.04	18.3	1389.53	13.1
非农业人口（万人）	632.23	2.6	645.05	2.1
农业人口（万人）	371.74	-1.4	371.61	-0.03
全市社会从业人员（万人）	847.46	5.5	877.21	3.5
城镇常住居民人均可支配收入（元）	32658	10.2	31506	8.7
农村常住居民人均可支配收入（元）	15405	13.5	17014	10.8

资料来源：天津市2012~2014年统计公报。

我国城镇化建设还涌现出上海模式、苏南模式及广东模式等先进典型，各地都结合自身实际，突出各地优势，但无论哪种城镇化建设模式都有其共同点：其一是以人为本。不仅有序推进人口落户城镇，而且保障其公平享受城镇待遇；其二是突出产业支撑。不仅积极提升产业集聚发展质量，而且注重产业支撑城镇发展能力的培育和提升。

第三章 /

中国产业集聚政策解读

产业集聚是指同一产业在某个特定地理区域内高度集中，产业资本要素以及为这些企业配套的上下游企业、相关服务业，在空间范围内不断汇聚，高度密集地聚集在一起的一个过程。产业集聚可分为两类：一类是依托区域优势，该优势既可能是劳动力成本低、原材料集中、市场发展相对完善，也可能是人才规模充足、信息化水平高、市场集中、重要交通枢纽。产业在政府引导和市场主导下，为充分利用区域优势进行产业内企业纵向合作，或实行产业与产业、产业内外企业横向合作，以达到产业集聚发展。这些区位优势因素作为某种重要指向，吸引形成了产业（企业）集聚体。另一类是创造有利的外部经营条件，加强企业经济良性联动，产业内或不同产业纵向或横向集聚联动发展。纵向经济联系是指一个企业的投入是另一个企业的产出，这是种投入产出关联关系；横向经济联系是指那些围绕着地区主导产业与部门形成的产业集群体之间的关系。一个地区科学培育产业集群能够在区域规模经济、区域创新能力及区域竞争能力等方面创造优势。

第一节　强化产业集群培育

一、围绕主导产业，突出龙头带动

主导产业，就是在区域经济中起主导作用的产业，是指那些产值占有一定比重，采用了先进技术，增长率高，产业关联度强，对其他产业和整个区域经济发展有较强带动作用的产业。在我国，由于地区发展差异的客观存在，因此在主导产业确定上，所面临的需求约束、供给约束、就业约束以及科技、教育水平约束等情况差异很大。为此，要做好以下工作，以培育和强化龙头在产业集群的综合、带动作用。

一是主导产业涉及的各相关部门。产业园区要主动对接，为投产的龙头企业主动服务，真实地掌握和监测各龙头企业生产经营现状；及时掌握现有企业的用工需求，引导企业与职业院校对接，深化校企合作，建立园校互动的长效机制；强化重点生产要素保障。

二是加快项目审核与开工进度指导。项目秘书要提高服务水平和能力，密切跟踪项目推进情况，主动帮助企业解决发展中遇到的困难，确保项目按工程进度顺利推进。

三是强化项目引进和储备。围绕主导产业，突出产业集群发展重点，推进专业化招商、点对点招商，不断提高专业素养，提升招商实效。

四是各相关地区政府、部门要加强协作，密切配合。要通过税收、直补、贴息等各种方式，加强对龙头企业的扶持力度。从技术改造、经营环境、基地建设、新产品开发等方面的支持力度重点培养和扶持竞争能力强、带动能力强、增长性高、资源优势和科技含量高的企业；进一步加大龙头产业园区建设的支持力度，为龙头企业或产业发展营造良好的政务环境。

二、延伸产业链条，突出配套带动

产业链是用于描述一个具有某种内在联系的企业群结构，是一个包含价值链、企业链、供需链和空间链等多个维度的概念。产业链是相关产业活动的集，其构成单元是若干具有相关关系的经济活动集合，即产业环或者具体的产业部门，而产业环（产业部门）又是若干从事相同经济活动的企业群体。区域产业链条将产业链的研究深入区域产业系统内部，分析各产业部门之间的链条式关联关系，探讨城乡之间、区域之间产业的分工合作、互补互动、协调运行等问题。

产业链形成的原因在于产业价值的实现和创造产业链是产业价值实现和增值的根本途径。任何产品只有通过最终消费才能实现，否则所有中间产品的生产就不能实现。产业链价值创造的内在要求是：生产效率≥内部企业生产效率之和（协作乘数效应）；同时，交易成本≤内部企业间的交易成本之和（分工的网络效应）。企业间的关系也能够创造价值，价值链创造的价值取决于该产业链中企业间的投资。不同企业间基于其联动密切投资，该投资行为将直接带动相关企业进行相关配套经营活动，从而促进该投资的基础和运营支持并创造价值。

延伸产业链是以龙头企业或主导产业，从发挥优势支撑出发，基于供给与需求关联，不同节点的企业在做优做强主营业务基础上，依托主营业务节点需求提升产业或企业发展能力，从优化供求关系、降低经营成本、保障原材料需求、优化销售渠道以及提升市场、信息把握程度等方面出发，向产业链条上下游拓展和延伸。其中，整体性、层次性、指向性是延伸产业必须坚持的基本特征。

目前，许多地区在延伸产业链条过程中，面临的问题突出表现为：产业集聚方式粗放，产业不集中，布局分散，产业链条短，优势指向性、经济关联性差，特别是缺乏以优势产业或企业的产业链条延伸，造成产业集而不聚、大而不联，有名无实，致使产业良性互动发展不足。新型城镇化建设背景下，为充分发挥产业对城镇的支撑力，必须改变传统产业链条延伸方式及态势，注重优势产业的带动机能，从产业链条环节支撑着手做好产业链条延伸。

（一）培育优势产业群体，延伸产业链条，增强产业集聚效应

1. 以能够充分发挥优势的区域大企业为中心环节，与经营关联、资源关联甚至业务同质的本土或其他区域乃至国际企业合作，进行产业链互助延伸，形成规模产业；或以具有研发优势的企业为龙头，通过政府在资金、人才等方面的政策扶持，依托企业或研发机构的研发优势，依据企业研发需求，建立健全企业自有研发中心或企业与研发机构合作的研发中心，提升企业研发能力。特别是针对大企业与中小企业合作方面的研发需求，更要加大政府扶持、市场主导的研发扶持以促进区域大企业在充分发挥自身优势的同时，强化与相关中小企业的联动，形成产业集群的良性发展态势。

2. 针对区域外部企业，尤其是明星企业、大企业的自身需求，依据区域经营环境、资源、交通等方面所具有的优势吸引力，引进区域外部企业，并创造配套支撑和扶持政策，带动其外部关联企业相应跟进，形成卫星模式的产业集群，增强产业集聚内生增长力。

3. 积极融入区域经济板块核心区的产业体系，把区域经济板块核心区的产业链条延伸进来，选准产业，当好配角，争取成长为区域产业体系的主角。

4. 以现有的工业园区或产业集聚区为载体，通过创造良好的基础设施和投资服务环境，选准产业，争取产业从研发到消费的整体产业链引进，从政策、制度、财政、金融、人才、市场培育等环节营造产业良性发展外部环境，同时提升产业内部管理、生产等经营能力，形成完整的产业链集聚发展。

5. 结合区域实际，从产业规划、产业引进等方面以政府引导、市场主导，以专业县、专业镇为依托，着重培育中小企业集群良性成长机制，发展以中小企业为主的产业集群。

6. 打破行政区划界限，以区域或跨区域整合产业资源，优化产业布局，形成区域内外各具特色且相互联系的产业功能区，打造产业集聚区经济板块。

（二）理顺体制、整合资源，构筑和延伸产业链，促进产业集约发展

1. 以市场为导向，以改革为动力，大力培育现代新型产业，如旅游业和文化产业的现代企业经营主体。以现代企业产权制度为指导，多种经济成分共同参与，组建和形成一批大型企业。鼓励民间资本和外国资本投资这些产业，积极吸引外地有实力、知名品牌的产业资本参与本地产业发展。

2. 做好资源的挖掘与整合。在切实保护好产业资源的前提下，将所有能够开发、利用、赢利的资源实行市场化配置，打破行业和部门壁垒、打破地区封锁和垄断经营，以充分发挥优势互补，资源高效利用，实施跨区域、行业及所有制的产业整合，使多种资源得到最大限度的利用和发挥，形成资源优势互补产业集群。

3. 大力加强产业人才培养和吸纳，形成产业人才支撑，特别是培育和吸引创新创意产业人才。从人才引进、创业环境、安家落户、薪酬待遇、生活保障、休闲娱乐和卫生医疗等方面，吸引海内外优秀产业人才安家乐业；采取有力措施培养大批产业人才，为产业大发展提供强大的智力支撑和高素质的从业人员。

4. 把产业发展与城市规划和建设有机结合起来，尤其是文化产业的发展，城市规划要充分考虑诸如旅游、文化产业发展的产业延伸面，营造浓厚的城市山水文化氛围，显现浓厚的山水文化色彩以及与自然的和谐，根据山、湖、城、江、海景观要素体现的城市特色，建设一批与景观或园林城市相适应的现

代化文化设施。

三、完善工作机制，推动项目建设

促进产业集聚发展工作机制，是保障产业集聚良性发展的充要条件，贯穿于产业集聚的各个环节。产业集聚和产业延伸是一个整体性的、涉及诸多环节与方面的系统工程，完善的产业生产、服务、管理等工作机制的形成则是推进产业集聚良性发展的关键。

（一）完善产业项目绿色通道，提高产业项目服务的效率和水平

对于资源利用高效、生态环境维护能力强、可持续发展能力足、竞争优势明显、支撑城镇经济发展能力强的产业集聚发展项目，要从政策支持、行政审批等环节构建绿色通道，从项目审批、土地供给、资源支持及环保评测等方面简政放权，提高产业项目服务的效率和水平，积极促进产业项目良性落地。

（二）加强对产业项目的调度

各地方政府相关服务部门要对产业项目进行排序，实行全过程跟踪服务，建立和完善重点产业项目的调度机制。从城镇与产业良性互动入手，对项目立项到建设的整个过程，特别是产业项目的前期论证和准备工作，做好项目筛选和项目协调，从城镇及产业实际出发，打造产城良性互动的产业集聚发展。

（三）强化产业项目的建设责任制

明确各地产业项目的主管单位及项目建设主要责任人、分管领导、法人单位等，对区域内的重大产业项目的选址、规划许可、征地拆迁、安置补偿、建设环境等方面负责。产业项目的建设涉及发改部门、财政税收、工商、国土资源、城乡建设、环境保护、交通运输部门，在充分赋予相关部门权力的同时，从产业集聚项目立项、建设、扶持和监督等方面强化各个部门的责任及义务，切实保障产业良性集聚发展。

（四）完善产业项目的监督检查制度

产业项目建设过程涉及面广泛，事关经济社会发展、民生等方方面面，必

须从产业项目的资金管理、建设程序、安全管理等环节加强监督检查和惩处力度，消除危害资金安全、人身安全、环境安全等领域隐患，重点对项目单位和有关方面建设落实工程质量与安全生产责任制、保障管理体系、操作规程、技术措施等情况，执行国家标准或行业标准等情况进行监督检查，加大对违反相关规定的惩处，甚至实行终身追责、终身禁入。

（五）强化责任，优化政府服务推进机制

1. 要加强领导，形成合力。从主管领导、分管领导到职能部门实行层级归责管理，建立涉及政府各级部门的区域产业重大项目建设管理协调推进领导小组，实行统一领导、统筹决策、统一管理，协调解决产业项目，尤其是重大产业项目招商引资中的规划、主体选择、土地供给、生产要素配置及优惠政策的实施落实，加强项目建设管理运行中的监督监察，强化对招商引资全程监管，确保招商主体选择准确、政策落实到位、运行规范顺畅。

2. 上下联动，大力协同。按照上级产业项目发展总体部署的方案要求，结合本地实际，突出重点，稳步推进。同时加大协调工作力度，加强部门协作，密切配合，形成合力，建立协调工作机制，加强沟通，上下联动，提高效率。

四、提高招商针对性，强化招大引强

（一）提高招商针对性

一般来说，依据行业人脉和龙头产业优势，以产业链条拓展为重点，强化政策势能招商和亲情招商，力求产业与市场、产品对接则是保证招商成功的关键。

第一，招商要选准区域。针对本地龙头产业的产品面及市场面来选择招商对象，要充分借助民间行业或产业协会等平台，开展驻地招商，以实现外部优势企业集群延伸或转移到本地。

第二，招商要以重点企业为对象。立足区位、资源、产业、环境等优势，瞄准外部重点企业，通过挖掘本地和外地不同人脉关系的牵线搭桥作用，吸引外部重点企业落户本地，并通过龙头企业的带动，实现本地产业项目的优化。

第三，打造品牌是招商关键。各地应以龙头企业为重点，积极创新，培育本地的品牌名片，并通过相关政策扶持和有效的营销宣传，形成本地的招商"高地"和招商的持续性吸引力。

第四，明确招商责任，开展以商招商。以主要领导、主要部门、龙头企业为招商重点，明确有关责任人、责任单位的招商目标和任务，制定招商进度和签订招商责任书。

第五，强化情感吸引，注重以情招商。人情化的"待商机制"，通过人性化的关怀，从项目的前期运作、建设，到企业运营投产后的后续服务，都做到细致、精心，给予客商保姆式服务，在融资、用工、技术创新、项目申报、外部环境、人才引进、生活安排等方面有效解决企业后顾之忧，使客商对招商地视为"第二故乡"，坚定其投资的决心和信心。

（二）强化招大引强

究竟该如何实现最小的成本引来最大的投入呢？其中"招大引强"就是最好的方法。首先，从招商效益上说，大商、强商的落户会引来资本效应的集中化。通过招商引资倾斜政策，从土地供给、税收优惠、生产要素配置、金融服务和配套服务等方面吸引能够充分提升区域经济社会发展能力、质量和水平的，以及能够优化本区域经济结构、产业结构的区域外优势产业或龙头企业到本区域投资经营，并通过该产业或企业辐射效应，吸引相关配套产业或企业在本区域集中发展，进而提升本区域就业能力，提升该区域经济社会良性发展能力。其次，从招商方式上说，"招大引强"就是产业链招商的衍射和进一步升级。比起单一项目招商引资，产业链招商更为重要，因为它是一种更高端的招商形式。实践也充分证明，与其在招商引资工作中大打"政策牌""亲情牌"，不如以优势产业为主导，率先迈向产业链招商和专业化招商时代。

（三）完善重大产业项目招商及建设协调机制

在实施以重大产业项目带动战略的地区，应科学规划重大产业项目，严格管理重大产业项目，精心运作重大产业项目。

1. 超前谋划，抓紧抓实重大产业项目储备。在科学发展观指导下，根据各省、地、市及区域产业发展的政策部署，突出产业发展的战略性、基础性和影响力、竞争力，着眼于全局和长远来谋划和建设重大产业项目。建立重大产业项目储备库，实施科学的项目储备管理机制，形成政府、部门、专家、民众共同参与谋划、立项和环评及经济社会效益评价机制，做好重大产业项目储备。

2. 围绕重点，创新招商引资途径。要充分围绕重大项目建设规划，充分利用各方面、各层次的招商引资活动和经贸洽谈会等重大活动，从政策扶持、人才支撑、投融资支持、土地供给、税收优惠、技术支持等方面加大产业招商力度，以强强联合、兼并重组、相互持股、技术合作、市场协同等方式拓宽招商引资路径，培育和壮大产业发展能力。

3. 多管齐下，着力优化要素资源配置。这主要从以下三方面着手，做好优化要素资源配置。

第一，优先配置土地资源。建立重大建设项目用地协商制度，按照优质项目优先、超大项目优先的原则，积极推进各级重大项目用地协商推进机制，强化节约集约用地，加强对重大产业项目建设用地落实情况的跟踪和检查，及时调剂重大产业项目的用地要求。

第二，优先保障环境容量符合规定的项目。依据国家、地方各级政府有关环境保护要求及标准，从资源节约集约利用率、环境破坏率、污染物排放率、废弃物回收利用率等方面入手，优先保障符合环境容量要求的产业项目落地实施。

第三，优先保障建设资金。建立重大产业和重点产业发展专项资金，用于重大项目的申报，以及对重大项目和重点工程进行贴息、补助和考核奖励。区域各部门要深入研究国家产业规划政策，充分发挥职能作用，积极争取中央财政性建设资金和省级财政资金对项目的支持。同时，以政府引导，市场主导，积极引进社会资本，优先保障项目建设资金。有条件的地方，要优先支持项目业主通过企业上市、发行企业债券等方式融资。

第二节　提升产业自主创新能力

原国家知识产权局局长田力普曾强调：什么是自主创新？简单地讲，自主创新有这样几个关键的要素：一是属于自己的；二是创造出来的；三是新的东西。当然，这种新不仅是别人没有的，同时又是市场需要的、是有知识产权保护的。

随着信息化、知识化、现代化、城镇化、全球化的发展，对各国各地的科技创新、知识创新、产业创新等提出了新的要求。该时期的服务制造更多依赖知识性、集成性、战略性和全球性的产业自主创新能力体系的建设，以实现产业集聚的工艺融合、信息融合、新材料融合、生物技术融合、纳米技术融合以及生产与人文的高度融合。为此，应在科技投入与知识应用上提升自主创新能力。

一、科技企业孵化器建设面临的问题

一定时期以来，世界各地相继涌现出了多种企业孵化器，如综合性孵化器、专业性孵化器和专门性孵化器，孵化器形式日益丰富化、多样化和全面化，各类企业孵化器依据自身优势，为产业或企业提供信息服务、招商引资、管理咨询、活动策划、技术研发及物业管理等更加专业化的服务，不仅提升了企业相关业务发展质量和水平，而且为企业集中资金、人员、资源、时间和精力等做好其他业务活动创造了条件。同时，构建了企业孵化器管理部门、投资主体、经营运作及组织结构等管理和运行规则、规范，提高了企业孵化器自身经营管理能力和发展水平，为充分发挥孵化服务功能创造坚实基础。我国在企业孵化器建设方面，虽然获得了后发优势，但也存在着一些值得关注的问题。

（一）政策法规不健全

我国因企业孵化器建设起步较晚，相关法规细则欠缺，政策不易执行。虽然我国相继出台了诸多支持企业孵化器发展的政策法规，在法律地位、发展指导、运行质量等方面做出明确规定，但缺乏企业孵化器支持细则、具体运行规则、保护和监督法规等，致使相关政策落实困难。同时，各孵化器政策不一致，导致差别待遇，企业孵化器发展参差不齐。

（二）管理运行体系欠规范

在企业孵化器管理运行体系方面，存在政府式运作，导致效率低下，缺乏行业协会等自律组织，资金支持相对不足，特别是主要依靠政府投资，导致资金来源较为单一，融资渠道不畅通，严重阻碍了孵化器内企业的发展。同时，企业孵化器运行效率考核激励体系不完善，挫伤了企业孵化器服务社会、服务企业的能力及积极性。

二、加强科技孵化器建设

（一）抓紧完善政策体系，继续加大优惠力度

尽快出台各级孵化器管理办法，符合条件的孵化器资源可以申请认定为本辖区科技企业孵化器；着手制定统一的标准体系，以保障企业孵化器的行为规范；严格禁止各种乱收费行为，为企业孵化器降低运营成本；制定孵化器和在孵企业优惠政策，从财政税收、人才引进、资金支持、土地及资源使用、企业入驻及经营环境等方面提供扶持，为企业孵化器良性发展创造条件。

（二）大力提升企业孵化器管理水平

通过加大政府对孵化器建设的投入力度，建立孵化专项资金，积极创新社会资本投资企业孵化器途径，拓宽企业孵化器融资渠道，加大对在孵企业的金融支持力度；建立市孵化器行业协会组织，扩大孵化器行业协会成员范围，从企业孵化器自身功能和优势出发，细分孵化服务内容、服务方式，优化企业孵化器功能和职责配置，提升孵化服务专业化程度，构建孵化器与企业良性对接中介机构服务平台、信息平台以实现企业与孵化器的无缝对接，加强孵化器服务功能的企业应用转化。在创新驱动发展、技术促进转型升级的大背景下，特别应从提升资金支持、人才队伍建设等方面加快科技企业孵化器培育与建设，提升企业孵化器服务功能；完善企业孵化器绩效考核机制，实施考核与评估的结果与政府奖励挂钩，重点资助自主知识产权的产品和技术，奖励专利申请及发明授权，提高企业积极性。

三、引进龙头科技型项目

发展产业集群经济，需要"创新驱动"作为动力，需要优化服务作为支撑。通过发挥大项目龙头牵引作用，激活科技型小微企业活力，培育服务集群经济发展"生态"，通过大项目、好项目撬动引领主导产业快速膨胀壮大，千方百计放大孵化带动和创新引领效应，倾力打造推动产业集群经济发展高地。

在引进龙头科技型项目中，应做好以下几方面工作：

（一）做好引进龙头科技型项目的认定工作

以龙头企业为基础的龙头科技型项目的认定，由于经济发展水平不平衡，各地确定的引进龙头科技型企业的标准不一，缺乏全国性的统一标准。为此，各地在引进龙头科技型企业（项目）时，首先要解决的问题是引进标准是什么？因此，应结合本地产业项目优势及资源、政策基础，在龙头科技企业（项目）的范围、认定条件、认定程序等方面作出科学的规定，保证引进的龙头科技型项目的"货真价实"，从而在产业集聚发展过程中真正发挥龙头示范、集聚作用。

（二）实现引进龙头科技项目的综合功能

各地政府及相关部门要积极实施科技创新工程，发挥科技"红娘"作用，打造科技公共服务平台，支持企业通过引进消化再创新，突破行业关键共性技术，推进科技型龙头企业快速发展。围绕本地主导产业、优势产品和资源等特色产业深入区县和科技型龙头企业深入调研，突出特色龙头科技项目。积极指导企业申报各类科技创新品牌、发明专利、科技成果奖等，以形成龙头科技项目的品牌效应。积极开展产学研对接，以科技研发项目为中介，以合作、合资、人才引进、成果转化等方式形成企业走出去，人才、资金请进来机制，强化企业与企业、企业与研发机构合作，在提升企业研发能力的同时，充分实现研发人才、研发投资效能。

（三）做好引进科技龙头项目的综合服务

1. 积极支持和引导科技型龙头企业开展技术创新。首先，政府部门要采取措施，培育企业对科技的有效需求，积极引进外部的资金、技术和管理援助，推动企业技术创新能力，支持技术转让与引进。其次，加快建立社会化、市场化的科技中介服务体系，为技术供求联结和咨询、企业之间及企业与科研机构、大学的合作提供服务。最后，强化技术创新的市场保护，建立健全技术所有权、使用权、技术交易、技术转化应用等方面的保护制度和法律法规体系，特别是强化知识产权制度的权威性、法律化，对技术创新活动全程、全方位加强保护。

2. 建立和完善龙头科技项目发展政策支撑体系。各地要制定好龙头科技项目的认定标准及相关各项优惠政策。在科技型龙头企业从事技术转让、技术服务、技术培训、技术开发、企业开发培育等方面，在相关税收、财政资金上给予支持。鼓励和吸引全社会多渠道投入，提高科技型企业投资力度，强化和完善财政支持企业发展资金的预算与执行管理，以经济社会价值、生态文明价值，特别是经济结构优化调整、产业结构优化升级为准绳，以市场需求为导向，制定相关优惠政策，鼓励和引导政府资金投入到生态环境保护强、经济社会效益大、资金运行效率高的企业或科技项目，促进经济社会转型升级、提质增效。

3. 健全法律法规，规范科技企业合作关系。提高科技企业合作法律法规位阶，强化科技企业合作法律法规权威性，建立健全科技企业合作法律保障机制，针对科技型企业合作主体义务与职责、权利与界限，以及合作方式、利益分配等方面在遵循市场机制调节基础上，制定具体的、可操作性强的法律法规，以保障科技企业在平等、互利基础上开展合作、规范行为、实施利益分配，进而提升科技企业合作促进产业乃至经济社会的良性发展。

4. 加强中介机构和科技人才队伍建设。加强产业信息设施建设，鼓励民间信息行业、科技咨询行业的发展，建立科学准确、反应灵敏和运行高效的科技信息体系，及时向企业及相关者传递权威的生产、技术、价格和供求信息；加强产品产地批发市场和产业技术交易市场建设，统筹规划，将现有的产业信息网和科技信息网资源进行整合共享，形成国内外市场、政府、企业、科技机构、高等院校、市县镇纵横交错互动的多维网络体系。

5. 搭建创新公共服务平台。各地政府应创新服务方式，建立综合性服务平台，为入驻企业提供全方位服务，为产业集群发展提供保证。政府各部门应坚持创新、合作、发展的方向，把为企业技术创新服务摆在重要位置，对产业集聚项目和龙头企业的发展建立技术、资金、商务、科技、中介、人才等综合服务平台，为企业提供服务；建设公共技术服务平台，惠及本地区乃至更大区域的公共技术服务平台，实现公共技术服务内容从基础化到专业化的转变，面向企业提供技术服务。

四、完善科技投入机制

从目前我国的情况来看，政府直接掌握过多的科技投资资源，既不利于形成科技创新的竞争择优机制，也不利于企业和个人增加科技投入。从产业集群发展角度来说，要完善科技投入机制，应从以下两方面入手。

第一，促进科技创新与金融信贷的结合，促进科技型企业的融资。建立科技管理部门与银行的合作机制，从市场需求出发，鼓励和引导银行加大对科技型企业信贷力度，特别是提升对科技型企业先进性技术、前沿性技术和前瞻性技术的研发和创新活动的信贷投放力度，以保障科技型企业的资金需求；探索以参股、持股、入股等形式实施银行与科技型企业合作经营体系，以降低科技型企业融资成本，提升自身发展优势；完善科技型企业资金风险管理体系，不仅实施贴息信贷、信贷担保体系建设，还要加强科技型企业自身风险识别、风险防范等风险管理体系建设，以提升科技型企业资金运行效率；积极拓展科技型企业融资渠道，加大吸引和引进社会资本投资，以产权交易、资产证券化、资产股份化、资金托管等形式创新融资方式，推进金融服务科技体系建设。

第二，加快科技创业发展投资力度。以政府投资、社会投资、企业投资或个人投资等方式扩大创业投资渠道，构建创业投融资机构、投融资服务平台，特别是建立健全创业投融资基金平台，在规范创业投融资活动的基础上，依据各类创业投融资平台加快创业投资主体培育，提高创业投融资效率；建立创业投融资的跟踪、度量和约束制度，特别是建立健全创业投融资活动风险管理机制，完善创业投融资退出机制，在提升创业金融支持力度的同时，强化和提升创业投融资效率。同时，建立健全政府、科技、财政、金融、产业等部门的协调机制，加强合作与配合，为高新技术产业投融资做好服务。通过这些措施的实施，不仅能够拓展科技企业创新投资渠道，而且能够不断规范科技企业创新投资行为，提升科技企业创新效率。

第三节　完善产业配套服务体系

产业集群及集群效应的发挥，除了发挥主导产业、龙头企业的引领作用外，产业集聚发展的相关配套服务功能的完善程度也是值得考虑的问题。有些地方产业集群发展存在这样那样的问题，其中共性问题多是外部形势造成的，集群内的企业只能想办法将影响降到最小；而对个性问题来说，则主要来自集群内部，政府和企业应想办法克服和解决。产业集群规模化发展过程中，如果配套服务体系及功能不完善，则会直接影响产业链的各环节及营销渠道间的联系，以及企业对市场的反应灵敏度，导致企业错失许多发展机遇。同时，由于缺乏有效的沟通平台，集群内的企业间往往沟通不足、不畅，企业习惯"画地为牢""各自为政"，产业链相互支撑不足，降低了产业的整体质量提升。

一、加快综合服务中心建设

产业集群区的综合服务中心建设主要目的在于解决集聚区发展过程中所存在的功能不齐全、设施不完善。综合服务中心建设要严格按照国家对建设项目可行性研究的相关规定，要组织有关技术人员对中心建设背景、必要性和建设条件进行科学论证，对建设规模、方案、公用工程、项目管理、功能发挥及管理等进行综合研究。

在功能上，综合服务中心要紧紧依托产业集群发展的实际需要，重点突出综合服务中心的以下功能：一是孵化创新功能。综合服务中心要成为培育和发展创新企业以及地区科技自主创新、成果转化、科技人才、企业家和高科技产品的培育基地。二是服务管理功能。综合服务中心成为产业集聚内服务科研、服务企业、服务社会的服务窗口，改革管理制度、提高管理能力和实现企业化探索的阵地。三是聚集和辐射功能。综合服务中心要立足于产业集聚区，聚集和集成各方资源，使产业集群区成为科技创新的辐射源头。四是加工生产能力。综合服务中心通过提供完备的配套服务，实现产业集聚区内的产品深加工，培育龙头企业。五是引导社会投资功能。综合服务中心通过实现孵化功能，为产业提供支撑，能够提高资金使用效率，引导和吸引资金投入，特别是为社会资本的入驻创造了条件。

在内容上，综合服务中心重点突出配套服务的综合性，搭建企业综合服务体系，以强化公共服务，改善投资环境，提升产业集聚区竞争力。一是创业服务体系。综合服务中心要为入驻集聚区企业提供全程代办工商、税务、创业等一站式服务。二是培训服务体系，综合服务中心要组织入驻企业参加创业培训等各类活动。三是信用担保体系。组织召开集聚区入驻企业、银行及担保公司融资对接会，为集聚区入驻企业争取各类融资贷款。四是公共服务体系。在综合服务中心设立法律、仲裁、税务等咨询室，引入社会机构为企业提供保安、保洁、绿化、医疗、食堂、职工宿舍等配套服务。综合服务中心与各大院校共建实习、就业基地，促进企业与高校的合作与交流，为企业提供各类高素质人才。

二、建立产业集聚区校企合作培训中心

产业集聚区是以企业为主体，以产品研发、产品生产、产品销售为核心。因此，产业集聚区培训中心建设不同于一般性的教育机构，其立足于企业职工的在职培训上，同时还可与高校合作，联合建立产业集聚区培训中心，以弥补职工在专业理论、职业观念、知识拓展等方面的不足。

校企合作能够有效地实现校企资源共享，特别是能够高效地实现学校的研发人才和企业的技能人才在合作过程中的无缝对接协作，充分发挥企业的实践经验和学校的理论和技术研究能力，实现校企优势互补、双向共赢。校企合作建设培训中心的重点是校企合作培训员工如何做到"双满意"。

目前，依托高校所建立的校企合作培训机制存在的主要问题有两个方面：一是学校培训课程和专业与企业员工本身岗位需求相差甚远。二是企业把员工送到院校后，却缺乏和合作院校的沟通交流，也缺乏对送培员工的跟踪管理，导致校企合作成为"两张皮"。为此，开展良好的校企合作，培训企业需要的优秀员工，提高高等院校的教学质量，达到校企共赢是企业和院校都应该重视的问题。校企双方要共同成立由校企双方人员混合组成的校企合作领导小组和组织管理小组，专门负责校企合作相关事宜的运作管理、监督检查。企业依据自身生产经营过程中对技术、信息、管理等方面的实际需求，做好培训员工选择、合作学校主体选择，及时有效地与合作学校做好交流沟通，做好培训员工管理工作，特别是对培训员工的态度、培训效果进行考核评价，以保障合作培训出成效。学校也应当针对企业培训需求，选派对口师资队伍，围绕企业实际需求、培训员工特点因材施教，合理安排培训内容和时间，同时，在培训中学习企业经验，从受训员工那里吸收企业生产经营管理的实践经验，以此提升师资队伍中的"双师"素质和能力，进而提升校企合作培训成效。

三、加强质量监督检验中心建设

质量监督检验中心依托自身拥有的各类检测、认证资源，为企业产品研

发、生产、使用提供检测与认证的"一站式"服务，满足企业发展及政府监管的需要，支持企业自主创新，培育企业产品知名品牌。检测检验中心除了对企业常规的产品检验工作以外，还应参与产品的质量管理体系以及研发等工作环节，从各个环节帮助企业提升质量水平。另外，质量监督检验中心还应积极利用高端检测平台资源，为客户解决复杂技术难题，在已有的高端设备基础上，组织专业技术团队开展产品失效分析服务，为企业解决技术难题或争端发挥积极作用。

四、成立产业研发平台

目前普遍的做法是由地方政府和龙头企业牵头，联合相关研究所、高校等研究中心，实行"政府筹建、双方出人、服务企业、自我发展"的模式，为产业集群搭建公共研发技术平台——产业技术研究院。

在产业技术研究院建设上，首先应确立好研发平台建设的出资问题。应多考虑地方政府的支持，国家工信部、科技部和各省发改委、科技厅给予了较多专项资金补助。其次是双方合作组建研发团队（产业技术研究院）。一方面，科研所或大学研究中心可由相关专业学科带头人担任企业产业技术研究院的负责人，长期派驻专家教授在产业集聚区开展科研开发和技术指导，并开展课题研究；另一方面，企业产业技术研究院可在国内外聘请专家作为学术带头人，并面向社会招聘专业人才，形成产业研发技术团队。根据上述原则建立的产业技术研究院，可依托自身的技术优势与合作优势，更好地为企业服务。

（一）开展技术咨询

研究院利用掌握的产业前沿技术、产业政策和行业信息，为企业开展技术咨询、项目论证等服务，引导企业上档升级。

（二）解决技术难题

从解决企业原材料分析、技术引进、产品质量分析，特别是企业亟须解决的转型升级的技术路线、运行状况诊断等提升企业品质的方面入手，依托管理人才、科技人员，利用先进管理理念、先进仪器设备，对企业开展诊断分析，帮助企业解决生产路线、生产工艺等技术难题。

（三）进行成果转让

研究院立足科学技术前沿，重点开展企业新品种、生产关键技术、节能减排技术、自动化控制和计算机仿真技术的研究，并以项目投入方式与产业集聚区合作，实现成果就地转化，带动新的企业产生与快速成长。

（四）开展专业培训

研究院可通过委托培养、短期培训、高级培训等方式，为集聚产业所需要的技能人才、技术人才以及管理人才进行有效培育，为企业科学管理和科技创新提供有效保证。

（五）行业规划引导

研究院可积极参与对产业集聚区及所在地市整个产业集群的行业制定规划，间接为每个企业的发展方向提供规划指导。同时，研究院还可组织承办相关产业新产品新技术研讨会，不仅能够扩大集聚区产业在行业的知名度、美誉度和影响力，而且还可以促进企业开阔视野，深入了解和认识行业的发展态势及趋势，掌握国际先进水平，结合自身优势和劣势，改进和完善自身经营管理理念和发展方式，提升企业改革创新发展的自觉性和主动性。

第四节　破除产业要素瓶颈制约

破解要素瓶颈制约，准确把脉主要矛盾是第一要务。从发展实践看，引发要素瓶颈制约的原因多种多样，其中，发展的刚性需求与供给的有限性是具有决定性作用的矛盾。各地应坚持统筹联动、创新思维、多管齐下来破解产业集群发展中的各类要素瓶颈。政府各相关部门领导或负责人要深入基层，看看哪些政策还"悬在空中"，有针对性地帮助企业解决实际问题，有的放矢地加以解决和进一步优化。

一、着力破除资金要素瓶颈

资金是现代市场经济的"血液"，是产业集群及地区经济发展不可或缺的基本要素。受国内外不利的经济形势及稳健的宏观政策影响，各地产业集群发展面临的资金要素制约仍然很突出，主要表现为融资成本上升、融资渠道不足、中小企业资金周转困难等。一是银行存贷差比较大；二是政府财政收支矛盾突出，财政刚性支出大，财政自给能力差；三是招商引资和争资引项难度加大，争取上级支持难度大，同时受国际国内形势影响，沿海产业转移力度减弱，各地招商引资竞争更加激烈。

为此，各地产业集聚区应坚持不懈地解放思想，创新机制，广泛吸纳各类资金参与重大项目建设。主要从几个方面入手：保障固定资产投资和社会公共项目投资；加强国有资产资本运营，做大做强政府投融资平台；利用各种途径，扩大企业融资；招商引资，以项目带动融资。

1. 要充分发挥财政资金的导向作用。通过政府推动，用财政的钱引导、促进银行信贷投放。

2. 充分发挥项目资金的聚合作用，围绕产业集聚区的产业战略布局的重点领域、重点产业、重大项目、集中规划项目、申报项目、配置项目、实施项目，最大限度发挥项目资金的聚合效应。

3. 充分发挥社会资金的主体作用。坚持"能用市场手段解决的，行政手段就坚持退出；市场资金愿意进入的，财政资金就坚决退出"的理念，积极推行 BOT 等融资模式推进城市发展和基础设施建设，有效破除建设资金瓶颈。

4. 充分发挥信贷资金的带动作用。项目建设离不开金融资本的支持。应建立银行、政府、企业三方合作的季度联席会议，建立银政企信息沟通机制，切实解决企业融资难问题。

5. 强化政策规范引导，完善企业投融资平台，为企业创造创新融资服务环境。一是强化政策扶持，支持企业发展。二是鼓励企业进入资本市场融资。三是帮助企业规范融资条件。四是组建融资咨询服务中心，聘请从事金融和财会工作的专业人才，为企业提供金融咨询服务。五是引导民间资本进入金融领域。

二、着力破除土地要素瓶颈

土地是推动经济社会发展的重要支撑。近年来，土地空间问题始终是制约各地经济发展最核心的要素瓶颈。用地指标严重不足，用地矛盾突出，严重影响各产业集聚区重大项目的建设力度，土地要素已成为各产业集聚竞争的最大制约因素。为此，各地应紧抓国家新型城镇化和产业结构调整、扩大内需的机遇，积极争取用地指标，提高企业的土地利用水平，鼓励企业进行"零土地技改"，努力拓展发展空间。要坚持把土地利用与发展战略相结合，将土地利用总体规划与经济社会发展、产业发展、城市发展规划相融合，积极实施农房集聚改造复垦项目，流转土地资源，盘活土地资源，为城市和产业园区建设提供用地指标。对投资密度不够、建筑系数和容积率未达标的，予以整改，对工业产业项目进行用地预审，核减用地实数，清退不按时履行项目，严格执行违法用地收回机制，盘活城市规划区或产业规划区内闲散、低效利用的土地。

三、着力破除人力要素瓶颈

经济社会的发展，人才是关键。科技人力资源由于其形成过程具有自身特殊的周期性和特点，加之目前各地人才流动壁垒的日渐破除，在区域流动过程中，科技人力资源分布存在明显的"马太效应"。同时，由于各地职业技能培训体系不健全，劳动力资源素质参差不齐，产业发展所需要的高级工程技术人才、高级管理人才、高级技术人才等优秀人才十分缺乏。

为此，应在坚持"引进"人才战略基础上，从政策、队伍、平台和环境四个方面抓好人才工作，明确人才引进和培育的大力扶持优惠政策。同时，要大力实施职业教育攻坚计划和资源转化战略，采取"对象＋目标"定向培养、"专家＋项目"组合培养、"资金＋政策"优先培养等模式，加强团队带头人、骨干人才、后备人才的培养管理工作，以缓解高层次人才流失以及流失后所带来的"人才断层、后继乏人"等问题。

为解决企业技工荒的困境，要大力推行校企合作，推进职业院校的改革。采取职业培训补助办法，采用政府购买培训成果的方式，按照培训职业的社会需求程度、资格等级和培训成本，给予不同比例的培训和鉴定补助等方式，加强复合型、适用型技术人才培养，全面破解企业用工难问题。

一是创新产学联动模式。要立足本地产业长远发展需要，在规划产业集聚区或产业园的同时，配套建立相关职业技术学校，着力打造集学历教育和各类职业技能培养为一体的综合性职业技术培训基地。各地也可与本地一些高等院校、职业技术学院等采用"按需设教，订单培养，实训结合"的模式，为企业订单培养急需人才，为产业集聚区企业长期培训技术工人。

二是创新龙头带动模式，要依托重点产业和龙头企业，充分发挥各地专业合作组织的纽带作用，吸引本地人就近就业，实现本地人就业的组织化、规模化、专业化，通过自我培养与自我发展方式，为本地产业发展累积人力资源。

三是支持创业园区建设，由政府和本地龙头企业联合出资支持，鼓励本地居民、学校学生创立创业园区，公司提供技术指导、信贷担保，有效解决本地人和大学生的资金、技术、销售等难题，培养其发展，在解决本地就业问题的同时，也给本地人力资源储备等提供平台。

四是积极创造育人、留人、用人的良好环境，要科学培养人才，广泛聚集人才，用好用活人才。政府是主导，用人单位是主体，应当通过整个软环境的提升，引进和留住人才，营造重才、爱才的良好氛围。

四、着力破除生产基础资源要素瓶颈

受自然条件限制以及国家能源整体市场化发展的影响，产业发展过程中所面临的"用水荒、用电荒、用气荒"等一直是制约各地产业发展的突出问题。为此，政府要加强区域内、跨区域的交通、能源输送等基础设施的对接，为产业资源对接提供更大的保障。当地政府应积极与水、电、气等能源部门以及交通、物流、管网、排污等部门充分合作与沟通，在产业发展中，坚持"项目发展到哪里，生产基础性资源就配套到哪里"的原则，在用电、用水、用气以及交通联结、通讯保障、垃圾与污水处理等方面为企业发展早谋划，充分挖掘本地区位优势以及过境或临近高速公路的交通优势，以物流园区建设为抓手，打造现代物流集散中心，解决企业生产要素的流动障碍。

第五节　中国代表性产业集群的发展历程和驱动力量分析

随着中国产业集聚政策效应的积累，在长江三角洲、珠江三角洲、京津冀等地产业集群示范带动作用下，中国产业集群形成和发展的驱动力量日趋具体化和多样化，市场机制作用更加突出。

一、区域优势驱动形成的产业集群

随着产业集聚政策综合效应的提升，优势产业、地域资源等区域优势催生了一批产业集群，浙江产业集群的发展就是这类产业集群的典型。温州依托轻工业优势，充分发挥地域资源，以当地传统吴越文化和现代企业家精神为基础，充分发挥行业协会和商会组织的重要作用，形成了以服装业、制鞋业、纽扣业等轻工业为主的具有区块特色的工业产业集群。宁波市各级政府顺应市场经济发展步伐，为充分发挥服装业产业优势，从土地、金融、市场机制等方面积极出台了鼓励和帮助服装业集聚发展的体制机制，进一步提升服装产业内部专业分工，强化服装业产、供、销服务体系，有效提升了宁波服装业内外部联系、发展基础和市场运营机制，迅速形成了品牌优势较强的服装产业集群。

二、区位优势驱动形成的产业集群

随着中国改革开放的深化，对外贸易、吸收外资等区位优势日益成为产业集群形成的重要驱动因素，珠江三角洲产业集群的发展凸显区位优势的驱动能效。受益于这类区位优势，珠三角地区逐渐形成了电子信息产业集群、IT产业集群等。在改革开放伊始，广东省各级政府在国家宏观政策指导下，积极研究制定和出台促进吸纳外商投资的鼓励政策，并积极从准入条件、土地使用、产业承接和技术承接等方面为外商投资提供支撑条件。东莞地区紧紧抓住这个机遇，充分利用国家和地方政府扶持政策，主要依靠充分利用国家和广东省的优惠政策，充分发挥毗邻香港、劳动力成本低、交通便捷等区位优势，重点扶持人力资本含量高、低能耗、低污染的高技术、高附加值产业落地集聚；积极调整产业布局，创造条件鼓励民营资本参与产业调整，培育企业自主创新能力，逐步完善地方产业配套体系，充分发挥劳动力成本优势和产业规模效应，推动资金密集型和技术密集型产业集聚发展。

三、智力资本驱动形成的产业集群

改革开放之初，一批高等院校和科研院所的科研人员和教师借助国家扶持政策，依托各级各类创新创业平台，凭借自身技术优势创建企业，并在市场机制的作用下逐渐实现集中经营，北京中关村产业集群的发展能够凸显智力资本优势的驱动能效。20 世纪 80 年代初期，北京中关村借助地理优势，依托苏联模式创建的文化教育集中区，集中了大量的高等院校和科研院所，为中关村高新技术产业园区奠定了坚实的技术基础。随着我国市场经济的不断发展，中关村一批民营科技企业在政府的大力支持下，创建和形成了中关村新技术产业开发实验区。同时，各类为高新技术产业服务的组织机构也随着高新技术企业的需求而得以成立和集中，企业之间合作交流也日益成熟，中关村高新技术产业集群也应运而生。

四、借助政府推动形成的产业集群

还有一类产业集群是在政府推动下形成的。各级各类政府针对当地实际，以科学规划、政策扶持为基础，积极建立各类产业园区。如依托高新技术企业创建产业开发区、依托制造业和服务业合作的工业园等。随着政府扶持措施的不断完善，企业自身发展能力的不断提升，这类产业园区逐步向"集群化"发展，培育出不同的产业集群，为地方乃至国家经济社会发展带来了可喜的变化。

尽管我国还有以其他形式形成的产业集群，但无论哪一类集聚发展模式，都还有改进和完善的空间。承接海外产业转移和外资投入区位优势发展起来的产业集群必须注重保持劳动力成本优势，同时强化产业集群内生性成长质量，防止出现多而弱现象，避免产生对地方产业的负面冲击；以区域优势形成的产业集群，亟须提升其品牌效应；以智力资本驱动的产业集群，应不断提升自主科技创新能力。

第二篇

关 系 篇

第四章

新型城镇化与产业集聚的关系

从管理到治理理念的转变，当前的新型城镇化建设也必须转变传统城镇化建设理念、思路和途径，从简单追求"大而全"转向"以人为本"。在市场机制选择的基础上，遵循区域经济发展需求，从城镇区位优势、资源禀赋等方面出发，以人为核心承接农村转移人口在城镇充分就业、高质就业，提升国民工作、生活质量；以城乡统筹发展、城乡一体化建设全方位提升经济社会发展环境，创造国民全面发展环境机遇，进而实现国民素质整体提升；提升资源集聚能力，坚持资源节约集约利用，构建产城良性互动发展，有效提高经济社会发展效率，实现科学发展，提升国家建设品质；构建生态宜居、人和自然和谐发展、城市空间布局结构合理、资源高效利用、改善和提升发展效益为基本特征的新型城镇化。产业集聚是在人力资源、资源禀赋、经营环境、交易成本等方面优势驱动下，在产业链上存在相互支撑、竞争等关联或其他密切联系的产业资本要素，通过市场机制调节或政府引导，集中到某一地理区域空间开展经营活动，以各种正式、非正式的分工协作方式，实现产业内企业规模经济和充分利用产业外部增长性效应发展的一个过程。当前，城镇化建设与产业集聚是区域经济发展的两个增长极，新型城镇化建设通过合理高效地拓展地域空间，创造各类资源集聚吸引力和承载力，营造企业良性经营环境，为产业集聚发展提供充足布局空间、资源依托和经营环境支撑。产业集聚发展通过提升产业自身联动效应，提升全民就业效率，夯实社会发展物质基础，进而成为新型城镇化建设的重要支撑。在当前的新型城镇化建设进程中，产业集聚支撑新型城镇化的效用也得到各级政府、专家学者等的高度重视和重点研究。

第一节　新型城镇化为产业集聚提供依托和服务

产业在城镇的集聚发展，不仅需要产业自身内部的优势发挥，而且还需要城镇为其提供相应的人口和要素支持，才能形成产业集聚效应、引擎效应和扩散效应，提升城镇经济社会发展的质量和效益。新型城镇化建设，通过节约集约利用资源、深度挖掘资源潜力为产业集聚提供资源依托；通过吸引人口、土地、资本、管理、信息和技术等要素集聚为产业集聚发展提供必要的支撑；通过建设和完善城镇基础设施、公共服务设施，特别是发展和提升城镇现代性服务业为产业集聚提供生产经营服务；通过科学设计各类政策制度体系、法律法规体系，构建公平市场竞争环境为产业集聚发展提供良性市场环境。

一、新型城镇为产业集聚提供人力需求保障

新型城镇化建设，通过积极采取措施，提高城镇人口集聚的吸引力和承载力，实现人口集聚的红利效应，为产业集聚发展既提供了一般劳动者，又提供了专业技术和高端人才，保障了产业集聚对劳动力的需求。

（一）新型城镇化吸纳大量的农村转移人口

新型城镇化建设，通过土地管理制度改革进行土地城镇化，户籍制度改革实现和加速人口城镇化，大量的农村人口脱离土地进入城镇工作和生活。同时，新型城镇化通过完善住房保障制度、人才激励制度以及拓展社会福利和社会保障范围等措施创造适宜的就业环境，吸引大量的人口进入城镇，为产业集聚发展提供了丰富的劳动力资源。在吸纳农村转移人口制度设计上，各级政府根据新型城镇化建设需求，从土地、户籍、住房、教育培训等多方面进行制度改革。新型城镇化建设的过程就是不断科学规划城镇布局，通过创新农村土地管理制度，制定和实施科学规范的土地流转，根据依法、自愿、有偿流转的原则，在市场机制选择下，实施土地经营权与承包权分离，采取租赁、参股等形式实现土地流转，转让土地经营权，保留土地承包权，灵活优化土地利用结构等措施实现土地城镇化，解放了大量的农村剩余劳动人口，为人口向城镇集聚

发展提供了基础条件。通过合理设置不同规模城镇落户条件，适度放开不同规模城市落户限制等措施调整户口迁移政策，加快改革城镇户籍制度，为人口进入城镇创造条件。实施城乡一体化户口登记制度，以适应推进城乡一体化发展的新型城镇化建设；对于城镇外来且没有城镇户籍的务工人员实施居住证制度，以将其纳入城镇社会保障系统，支持外来人员发展；健全人口信息管理，以准确掌握城镇人口，特别是流动人口状况，实现城镇人口动态管理、规范管理。同时，完善农村产权制度，从土地所有权、使用权及收益权等方面保障农民权益，扩大救济、教育、医疗等基本公共服务覆盖面，切实为农村人口提供公共服务，加强基本公共服务财力保障，推进城乡基本公共服务均衡化等措施以切实保障农村常住人口及农村转移人口合法权益，解除农村剩余劳动力进城务工的后顾之忧。这些重大措施，全面提升了农村转移人口的各种保障，解除了他们的后顾之忧，为农村转移人口向城镇集聚提供了保障条件，提高了新型城镇化对人口集聚的吸引力；通过整合社会资源，多方筹措资金，建立远程教育平台以实施劳动力即时和亟须技能培训，针对企业用工专业技能需求，建立专业培训基地以实施企业与劳动力无缝对接的培训，建立公益性培训机构，切实解决需要接受技能培训而又缺乏经济支撑人员的培训困难问题，构建统一协调培训体系，以实现劳动力培训的均衡化和及时化，建立政府财政、企业资金及社会资本相结合的城镇人员，特别是农村转移人口培训投入保障机制，依据城镇就业需求，强化培训与就业对接，对农村转移人口实施多元化的就业创业教育培训，提升农村转移人口城镇就业创业能力；合理划分各级政府、企业、个人和社会组织等在农村转移人口市民化过程中的职责，构建和完善各级政府、企业、个人和社会组织等共同参与机制，建立农村转移人口成本分担机制，推进农业转移人口市民化，为农村转移人口向城镇集聚提供政策基础。据2014 年《河南统计年鉴》显示，2012 年和 2013 年，全省城镇单位从业人数分别为 881 万人和 1076 万人，增长率为 22.13%；从 2012 年常住人口城镇化率42.4% 到 2013 年的 43.8%，凸显新型城镇化建设对农村转移人口的承接规模。据统计资料显示，城镇化率每提高 1%，相应从农村转移进入城镇人口就能增加 1300 多万人，从而对城镇公共服务和基础设施等带来巨大需求。

（二）新型城镇化吸纳充足的专业人才

新型城镇化建设，在充分发挥城镇区位优势的基础上，促进了城镇基础设施、市场环境等软硬件环境质量的提升，为产业集聚发展提供了良好的经营环境，城镇综合实力无论是经济水平、社会管理能力还是城市竞争力及影响力等都得到质与量的双向提升。在经济结构调整过程中，经济实力不断增强，经济增长极不断涌现，产业结构日益优化，特别是吸纳人口能力较强的第三产业占生产总值比重日益增加，就业创业促进政策、环境进一步完善，为城镇外来人口创造了大量的从业机会，对人才吸纳及吸引力大幅提升。城镇的人才引进、培养、管理和利用政策、制度、机制等不断完善、创新和突破。同时，户籍制度的改革降低了专业人才融入城镇工作、生活和居住的准入条件，引进力度不断加大，吸引了大量专业人才和高端人才向城镇集聚。新型城镇化建设通过提升城镇经济总量与优化调整产业结构增强城镇提供就业岗位的能力；改革完善城镇管理体制和机制，从管理主体、管理理念和方法等方面突破传统的"多头管理、强势管理"转变为"归责管理、人性化管理"；加大人才发展财政、社会资本投融资力度，保障人才发展资金支撑；建立和完善人才引进和培育机制，从户籍、工资、生活、子女教育、社会保障等方面制定相关优惠政策，促进城镇人才集聚能力；不断改革人才薪酬体系、使用和休假体制，为人才提供能够满足自身需求的工作体系，积极营造和完善适合人才充分发挥才能和可持续发展的制度环境；积极建设和提升城镇人居的软硬环境，建立人才住房保障制度，完善人才服务保障体系，增强城镇的宜居性等措施，吸引大量的专业人才和高端技术人才向城镇集聚，为城镇产业集聚发展提供专业人才需求保障。据2014年《河南统计年鉴》显示，2011年和2012年，河南省租赁和商务服务业从业人员数分别为25.09万人和31.59万人，增长率为25.91%；2010年和2011年，河南省科学研究和技术服务业从业人数分别为16.79万人和18.05万人，增长率为6.81%；2012年，河南省信息传输、软件和信息服务业单位及人数分别为2429个和11.10万人。

二、新型城镇化为产业集聚提供丰富的要素资源依托

产业向城镇集聚受多重因素影响，其中，城镇丰富的资源对产业集聚具有重要的吸引力。产业集聚发展需要大量的自然资源、土地资源、资金资源、技术资源、信息资源等要素资源，与农村相比，城镇在这些资源的集聚方面具有特殊优势，能够为产业集聚提供丰富的资源依托。

　　长期以来，各级各类的自然资源在我国经济社会发展过程中，通过与国民劳动结合提供社会价值和经济价值，支撑着经济社会发展，影响着经济社会发展成效。自然资源不仅能够通过与劳动力结合为经济社会发展提供相应的支撑，而且还能够决定经济社会发展模式，是经济社会发展必要的物质基础。自然资源禀赋决定着基础劳动手段和形式，与不同的劳动技术结合形成不同的劳动生产率，促进社会劳动生产率发展变化。同时，自然资源数量和质量还直接影响和决定城镇产业结构的布局，特别是资源依赖型产业结构更是依赖自然资源形成相应结构体系。而产业集聚发展必须依托由自然资源提供的一定的初始物质条件、优化的产业结构、先进的工艺技术和丰富的资本资源，自然资源在空间分布的不均衡性直接引导产业集聚趋向。新型城镇化建设的理念之一就是改变传统的粗放型经济增长方式，节约集约发展，实现资源高效利用。新型城镇化一方面通过提升城镇创新能力、产业创新能力，加大了科技技术的应用，资源节约技术创新迅速发展，为自然资源高效利用提供了技术基础。另一方面通过公共化、社会化消费提高生产消费、生活消费效率和结构来提升自然资源使用效率。同时，新型城镇化建设也提升了城镇的对外开放程度，通过深化国家之间、区域之间、城镇之间、产业之间交流合作，为自然资源引进创造了便利条件，改善了城镇的自然资源状况，为产业集聚发展提供自然资源保障。据2014 年《河南统计年鉴》显示，河南省矿产资源截至 2013 年底按保有储量计算为煤炭 272.82 亿吨、铁矿 18.84 亿吨、铝矿 6.86 亿吨、钼矿 491.37 万吨、金矿 549.04 吨、钛矿 407.48 万吨、钒矿 200.54 万吨、炼镁白云岩 1.78 亿吨、钨矿 29.14 万吨、蓝晶石 352.30 万吨、红柱石 995.38 万吨、天然碱 13818.41万吨。

三、新型城镇化为产业集聚提供配套服务

　　产业向城镇集聚不仅在于城镇的区位优势、资源禀赋的吸引力，而且城镇为产业集聚所能提供的经营环境、基础设施、服务体系等软硬件配套服务质量水平往往起着决定性的作用。新型城镇化建设，正是在发挥城镇区位优势的基础上，提高和改善资源禀赋，优化产业结构和建立专业分工合作体系，建立公平竞争、优胜劣汰的市场环境，扩大和完善基础设施规模和质

量，构建完善人才使用和社会化服务体系，提高了产业向城镇集聚发展的吸引力和保障力。

（一）新型城镇化提高了配套硬件服务产业集聚能力

新型城镇化建设在提升城镇基础设施等硬件服务产业集聚能力方面，不仅扩大了硬件规模，而且提升了城镇硬件服务质量。新型城镇化建设在突出综合效益和网络效益基础上，大力改革基础设施建设管理体制和机制，实施多元化建设主体、投资主体等加大交通网络、仓储设施、通信网络、信息网络、水、电、气、供热、污水处理、生活垃圾处理等城镇基础设施建设力度，改善和提高交通运输条件、集聚企业生产经营条件；通过改革城镇基础设施投融资体制，完善市政公用事业特许经营制度、特许经营、投资补助、政府购买服务等多种方式，吸引和鼓励社会资本参与投资、建设和运营城镇基础设施项目，提高城镇基础设施建设质量、管理质量和服务功能；围绕提升新型城镇吸纳力、城镇居民生活品质和产业经营品质，大力加快城镇固定资产投资，特别是强化城镇公共基础设施建设力度、规模和质量水平。据 2016～2018 年《河南统计年鉴》显示，2015 年、2016 年和 2017 年，河南省部分城市市区供水总量、燃气供应总量分别如表 4-1 和表 4-2 所示。据 2014 年《河南统计年鉴》显示，2012 年和 2013 年，全省基础设施投资分别为 3461.02 亿元和 4174.10 亿元，增长率为 20.6%。

表 4-1　　　　2015～2017 年河南省部分城市市区天然气供应总量　单位：万立方米

年份	郑州	开封	洛阳	焦作	信阳	安阳	新乡	许昌	漯河
2015	106895	11695	22306	17922	10995	23477	14891	6236	2468
2016	112864	14042	24518	19093	11118	30598	15630	6306	2473
2017	130025	16601	40701	25685	13269	36829	19618	10333	2572

资料来源：2016～2018 年《河南统计年鉴》。

表 4-2　　　　2015～2017 年河南省部分城市市区供水总量　单位：万立方米

年份	郑州	开封	洛阳	焦作	信阳	安阳	新乡	许昌	漯河
2015	35181	10594	16168	8272	4279	9995	13392	5034	9948
2016	37260	11775	16365	8272	4388	10225	14803	5374	8308
2017	39635	11149	16737	8375	4571	10196	14206	4383	9047

资料来源：2016～2018 年《河南统计年鉴》。

（二）新型城镇化完善了配套软件服务产业集聚的能力

新型城镇化建设，从打破产业集聚发展体制障碍、管理障碍等问题，提高产业集聚运行机制效率等方面为切入点，完善和提高了配套软件服务产业集聚的能力。新型城镇化通过产业布局调整，优化产业结构，构建产业链专业分工合作，提升促进集聚企业扩大经营规模和效益的能力；通过充分发挥市场机制对劳动力有效配置功能，打破行政区划分割，建立和完善城乡一体化的劳动力市场；从职业培训、制度保障、就业信息平台等方面改善劳动力市场素质；从加强激励和约束、提升素质、创造公平竞争环境、合理设置出入条件等构建职业经理、专业技术人员形成市场；从加强专业培训、创造就业岗位、加强社会保障等方面完善和提高为产业集聚提供劳动力的能力；从健全社会化服务体系出发，加快发展城镇生产性服务业，着重对金融服务、财务管理、保险、法律、咨询、广告营销、职业培训、研发创新、检验检测、信息网络等生产性服务业放宽民营资本市场准入，构建政府、企业和社会组织等联合投资、独立投资的投资体系；推进投融资体制改革，通过市场机制调节，采取激励自有资金投资或向金融机构、证券市场融资等方式，加大政府资本与民营资本等多渠道投入力度，提升生产性服务业规模和效率；从政府采购、项目补贴、贷款贴息、营改增、税费减免方面完善促进生产性服务业发展的财政税收政策，加大对生产性服务业的发展支持；从简化审批程序、加大金融支持、放宽境外投资汇额等多方位促进中外产能合作、研发合作、销售合作等加强企业走出去的政策支持力度。这些重要措施，能够有力地保障新型城镇化加速集聚产业对产业结构、要素结构和需求结构的综合优化与配置，促进重构城镇产业空间形态，推动集聚产业在价值链基础上展开分工与合作，有效降低产业集聚发展的运行成本、发展效率、创新能力和消化吸收再创新能力，进而推动产业集聚的产业链升级；新型城镇化通过强化企业、教育科研机构等的创新主体功能，加大创新支持力度，创建创新平台等措施加强创新资源的开发与重塑；借助大数据、互联网等信息技术，构建孵化加投资体系，推动产业创意和技术创新等要素的跨界整合，有效破解创新发展瓶颈，打破创新区域行政壁垒制约，从而实现了创新要素的自由流动与高效配置，拓展了产业集群知识创新与共享；优化生产性服务业用地制度等措施，加强和完善新型城镇化对产业集聚发展生产性服务质量水平和服务能力。据2014年《河南统计年鉴》，2011年和2012年，河南省租赁和商务服务业单位数分别为 12944 个和 14384 个，增长率为 11.12%；2011 年和 2012 年，河南省科学研究和技术服务业单位数分别为 6023 个和 6616 个，增长率为 9.84%；2012 年，河南省信息传输、软件和信息服务业单位数为 2429 个。

四、新型城镇化为产业集聚提供了广阔的消费市场

在新型城镇化推进过程中，城镇规模的有效扩张能够促进城镇消费市场增长和完善，一方面，随着城镇人口集聚的发展，人口数量增加，特别是农村转移人口的经济收入随着市民化进程加快而增长，消费需求得到了释放，促进了城镇生活性消费市场的增长；另一方面，随着城镇产业集聚的发展，产业类型不断增加、经营环境日益改善、经营效益得以提升、生产规模不断扩大，生产性消费需求得到释放，促进了城镇生产性消费市场的增长。

新型城镇化建设涉及人口、土地等城镇化，其核心是人口城镇化，实现城乡一体化发展。在新型城镇化推进中，随着工业化进一步发展，农村将形成越来越多的剩余劳动力，特别是土地的城镇化发展，农村人口向城镇集聚、产业向城镇集聚不断增长，农村转移人口市民化，为城镇生活性消费市场规模和质量增长提供了坚实的需求基础。一方面，土地城镇化能够释放农村剩余劳动力，产业集聚化能够吸纳农村转移人口进入城镇就业，二者共同促进了城镇人口的增长，提高了农村转移人口的经济收入，进而增强其消费能力，提高了生活性消费市场需求；另一方面，随着新型城镇化的发展，经济社会的进步，城乡居民特别是农村转移人口的消费观念、消费心理、消费热情、消费意愿和消费偏好都发生了质和量的变化，在对生活消费品需求增长的同时，对住房条件、医疗条件、教育条件、生活条件等方面改善和提高的需求大幅增长，促进消费需求扩大。据 2014 年《河南统计年鉴》显示，以 2010 年消费指数为100，2011 年和 2012 年，河南省城镇居民消费指数分别为 111.3 和 111.6，政府消费指数分别为 110.0 和 114.3。据国家统计局数据，2014 年末，城镇化率较 2013 年提高 1.04%，城镇常住人口比 2013 年末增加 1805 万人。据此推算，城镇化率每提高 1%，农民变为城镇市民数量至少有 1700 余万人，城镇居民人均年消费支出将增加 2%，为城镇创造了广阔的消费市场，为集聚产业的企

业带来巨大的销售市场。

同时，随着城镇产业集聚的发展，需要大量的劳动力、原材料、厂房、土地、机器设备、水、电、气等，而且产业的整体发展实力不断增强，企业数量大幅增加，产业的生产性消费需求不断增长，产业对劳动力市场、生产资料市场、要素市场、金融市场、技术市场、信息市场等生产性消费市场提出了新的要求，不仅要求数量增长，而且还要有质的提升。这就为城镇创造了规模宏大的生产性消费市场，新型城镇化建设必须进行科学规划，合理适度地发展生产性消费市场，既要壮大其规模，又要提升其质量，以保障产业集聚发展。

第二节 产业集聚为新型城镇化提供可持续发展力

一、产业集聚增强新型城镇的综合实力

城镇的综合实力主要通过人口与劳动力、经济发展、社会发展、基础设施、环境五个方面的规模和效益来体现。而产业集聚通过产业之间信息、技术、知识、经验的交流促进，实现资源共享，形成优势互补，能够极强地促进和提升城镇人口与劳动力、经济发展、社会发展、基础设施、环境五个方面的规模和效益。

（一）产业集聚提升城镇人口与劳动力的规模和效益

城镇人口与劳动力的规模和效益主要通过人口规模、素质结构、管理和利用等方面体现，是支撑城镇经济发展的核心动力和必要的劳动力资源。随着城镇产业集聚的发展，城镇的经济实力日益增强，城镇对外开放的程度逐渐加大，就业岗位不断增加，劳动者搜寻就业信息更加便利，劳动者的决策效率得以提高，进而加强了人口向城镇集聚，提升了城镇人口与劳动力的规模。据2016～2018年《河南统计年鉴》，2015～2017年，河南省部分城市人口总量增长如表4－3所示。

表 4-3　　　　　　　　 **2015～2017 年河南省部分城市人口数量** 　　　　　　 单位：万人

年份	郑州	开封	洛阳	焦作	信阳	安阳	新乡	许昌	漯河
2015	667	201	355	194	274	240	280	207	125
2016	691	209	370	200	286	249	290	216	130
2017	714	216	382	206	297	257	300	225	135

资料来源：2016～2018 年《河南统计年鉴》。

同时，产业集聚发展不断促进产业转型升级，新兴产业、高新技术产业等不断形成和发展，对城镇人口集聚也提出了素质和结构要求。特别是产业转型与升级能够吸引和吸纳更多高层次、高素质的专门人才，提高劳动力市场专业人才和熟练工人，进而改善了城镇人口与劳动力素质和结构。随着产业集聚的发展，人口集聚效应越来越明显，为了合理加强对集聚人口的开发利用和管理，城镇人力资源管理部门也制定和实施了保障产业集聚良性发展的劳动力管理和利用的相关配套措施，完善了城镇人口和劳动力管理与利用机制和体系。

（二）产业集聚提升城镇经济发展规模和效益

城镇经济发展规模和效益主要从经济规模、经济结构和经济效益，以及居民工作生活和产业发展水平等方面反映出来，在一定的城镇规模下，城镇经济将随着人口、资源和产业等规模增长而增长，但当人口、资源和产业规模超出城镇空间吸纳力，城镇社会效益和经济效益将出现下降趋势，存在规模经济；在一定区域范围内，城镇间良性合作越融合，越能促进城镇经济社会发展，存在范围经济效应。而产业集聚的良性发展能够通过创造经济价值促进城镇经济规模增长，促进产业结构布局优化城镇经济结构，增加产业附加值提升城镇经济效益。据 2016～2018 年《河南统计年鉴》，2015～2017 年，河南省部分城市生产总值及增长趋势如表 4-4 所示。

表 4-4　　　　　　　 **2015～2017 年河南省部分城市生产总值** 　　　　　　 单位：亿元

年份	郑州	开封	洛阳	焦作	信阳	安阳	新乡	许昌	漯河
2015	7311.52	1605.84	3469.03	1926.08	1879.67	1872.35	1975.03	2171.16	992.59
2016	8113.97	1755.10	3820.11	2095.08	2037.80	2029.85	2166.97	2377.71	1081.93
2017	9193.77	1887.55	4290.19	2280.10	1257.68	2249.85	2357.76	2632.92	1165.04

资料来源：2016～2018 年《河南统计年鉴》。

产业集聚是在合作共赢的基础上，同类企业、关联企业和配套企业在一定的区域内集聚，逐渐地构建和健全横向或纵向产业链条，通过专业化分工合作，特别是生产、销售、技术、工艺的合作，形成完善的专业协作机制，不仅能够有效地提高集聚企业的劳动生产率，而且能够稳定有效地获得供应商的产品与服务，大大降低产业链上下游企业采购成本和销售费用，为集聚企业的发展壮大、效益提升提供了保障，进而促进城镇经济规模和效益双提升。产业在城镇集聚已经突破传统集聚方式，从注重规模扩张、"大而全"等粗放方式到注重结构优化、发挥优势和生态文明等质量和效益双提升转变，不断地依托城镇发展需求及城镇优势调整优化城镇的产业结构，节约集约、生态文明产业得以充分发展，劳动力结构也呈现男女均衡化和年龄年轻化，技术结构呈现高新技术化、智能化，分配结构呈现分配方式多样化，提升了城镇的经济结构。首先，产业向城镇集聚发展提升了产业资本的需求量和流动量，带动了资本向城镇集聚，通过转型升级，采用先进生产技术、生产工艺，带动了技术向城镇集聚，通过提供就业和创业机会与岗位，吸引人口要素向城镇集聚，由于产业集聚带来规模经济，促进社会和企业经营成本下降，有利于大量的资本投入创新研发方面，为高新技术产业快速发展创造了条件，也吸引了人口要素和资本流向第二和第三产业，特别是向高新技术产业大批转移，城镇第二和第三产业比重不断提高。其次，随着产业在城镇的集聚发展，城镇企业数量不断增加，对相关的技术咨询、法律咨询、产权交易等生产经营性配套服务需求日益增强，为了支持产业良性集聚发展，城镇生产经营性配套服务业发展进一步加快，第三产业比重大幅提高，进一步优化了城镇的产业结构。再次，城镇人口和产业的增加必将对城镇交通、餐饮等服务行业和相关产业提出更大的消费需求，城镇只有在提质增效的前提下提升交通、餐饮等服务行业的发展，进而在满足产业集聚、人口集聚需求的同时，实现交通、餐饮等服务行业的规模效益，提升城镇经济规模和效益。最后，在技术集聚方面，先进技术、特别是尖端技术得以广泛运用和开发，在技术结构中所占比重增加，科技成果转化效益明显，促进生产资料市场、商品市场以及城市其他行业的兴起和繁荣。同时，随着创新活动的不断增长，知识要素在新型城镇化建设和产业集聚发展过程中的作用日益突出，知识要素创造的社会价值和经济价值不断提升，知识要素通过知识报酬激励、技术股分配、技术劳动分红、技术入股等多种形式参与收益分配日益提升，创新和完善了城镇收益分配体系，优化了城镇分配结构。

据河南省统计局数据显示，仅仅在 2013 年一季度，河南省所属的 180 个产业集聚区，经济增长远远高于省内其他区域，其中，规模以上工业从业人员大幅增长，比上年同期增长 18.2%，远高于省内其他区域的就业增长，在全国减速增效的背景下，利润增长率高出全省平均水平的 13%。据《鹤壁日报》2015 年 4 月 1 日报道，2014 年，宝山、鹤淇、金山、浚县 4 个省级产业集聚区对鹤壁市规模以上工业的主营业务收入增长的贡献率为 77.1%，成为促进 2014 年鹤壁市经济增长和居民就业的一大亮点，仅 2014 年前三个季度，4 个省级产业集聚区完成工业增加值剔除价格变化因素达到 156.9 亿元，同比增长 12.6%，解决就业人口同比增长率为 10%，拉动全市规模以上工业主营业务收入同比增长 8.9%，实现产业集聚发展的提质增效，完成增加值比重大幅提升，占全市规模以上工业增加值剔除价格变化因素的比重达到 52.6%，特别是电子信息产业集群，经过产业集聚发展，其主营业务收入同比增长 54.6%，远远高于其他产业。

（三）产业集聚提升城镇社会发展规模和效益

产业集聚发展对城镇社会发展的推动作用是直接的。城镇社会发展主要通过居民收入增长、居民消费水平提升、住房保障、卫生医疗服务、科技教育文化、社会治安、社会保障等方面的规模和效益体现。近年来，产业集聚已成为城镇经济社会发展的重要增长极，集聚区已成为驱动产业集群发展的"主引擎"、城镇经济转型和产业升级的主阵地、城镇招商引资和承接产业转移的主平台和农业人口转移就业的主要渠道。一方面，产业集聚的发展提升了城镇经济规模和效益，丰富了城镇商品市场，提高了城镇居民和农业转移人口的就业机会，极大地提升了居民收入和消费水平；另一方面，为了妥善解决人口集聚的吸纳力，特别是为新增人口提供卫生医疗、专业培训等教育、公共卫生服务等社会保障在内的多项基本公共服务，同时，产业集聚发展还对新型城镇化建设中对交通运输设施、人才市场、医疗服务、科技创新、教育文化、商业服务、社会治理模式、社会治安和社会保障等方面的建设规模和完善程度提出了更高的要求，进而倒逼新型城镇化建设必须加强和提升这些服务设施质量和效益，推动了城镇社会发展水平。据 2016～2018 年《河南统计年鉴》，2015～2017 年，河南省部分城市人口密度情况如表 4-5 所示。

表 4-5　　　　　**2015～2017 年河南省部分城市人口密度情况** 单位：人/平方公里

年份	郑州	开封	洛阳	焦作	信阳	安阳	新乡	许昌	漯河
2015	15055	5601	7278	5564	2065	4735	5473	5196	5283
2016	14073	5469	7149	5600	2181	4778	5507	5661	5491
2017	11140	5311	7061	5650	2264	4839	5591	2978	5542

资料来源：2016～2018 年《河南统计年鉴》。

（四）产业集聚提升城镇基础设施规模和效益

城镇的基础设施建设是保证产业集聚发展的必备条件，产业集聚发展，常常需要规模使用包括交通、通信、供排水及电力等城镇基础设施。如果城镇的基础设施不完善，基础设施对产业集聚的服务功能就会不齐全，将无法吸引产业向城镇集聚，也无法承载农村转移人口进城，新型城镇化建设目标也将无法实现。首先，城镇基础设施规模和效益提升是产业向城镇集聚发展的内在需要，基础设施功能的健全，将吸引更多的产业向城镇集聚。其次，产业集聚通过规模效益、技术创新等优势外溢提升集聚效应，城镇通过发挥产业集聚效应形成城市经济集聚，进而完善城镇经济协作系统、治理体系，提升经济运行质量，为城镇创造了更广阔的财源，为城镇扩大基础设施建设规模提供了充足的财政资金。最后，产业集聚的发展，通过对城镇基础设施的规模使用，实现了基础设施的规模经济，在提高城镇基础设施建设规模的同时，也提升了基础设施的规模效益。据 2016～2018 年《河南统计年鉴》，2015～2017 年，河南省部分城市固定资产投资总值及增长趋势如表 4-6 所示。

表 4-6　　　　　**2015～2017 年河南省部分城市固定资产投资总值** 单位：亿元

年份	郑州	开封	洛阳	焦作	信阳	安阳	新乡	许昌	漯河
2015	6371.73	1354.44	3576.69	1906.26	2085.29	1862.88	1964.95	1965.38	927.28
2016	7070.37	1555.09	4120.10	2221.45	2277.94	2102.43	2041.73	2294.79	1078.39
2017	7573.44	1668.18	4566.41	2453.77	2415.04	2281.29	2210.53	2531.80	1185.29

资料来源：2015～2017 年《河南统计年鉴》。

（五）产业集聚提升城镇环境发展规模和效益

城镇环境发展规模和效益主要通过人口密度、投资、废物处理、绿化 4 个方面体现出来，产业集聚在这 4 个方面能够有效地改善城市环境状况。产业集聚过程中，高新技术产业、生产性服务业和消费性服务等比重不断提升，促使新型城镇产业结构、就业结构调整优化，进而影响人口向城镇集聚，调节城镇人口就业和人口密度。一方面，产业机构的变化必然会推动就业结构变化，吸引不同专业人才向相关产业集聚，实现人口流动，当产业就业人数达到饱和，就业就会产生挤出效应，形成剩余劳动力转移，进而调节人口密度。另一方面，通过发展和完善技术市场，吸引更多的技术人才，实现人口资本变动以推动产业结构和就业结构发展变化，进而调整人口流动趋向，对人口密度进行优化。产业集聚在促进城镇投资规模和效益方面的效应是显而易见的。一方面，产业集聚发展促进了集聚企业发展规模和效益，既为城镇扩大基础设施等配套服务规模提出了内在需求，也为城镇投资提供了资金保障。另一方面，产业集聚的发展需要城镇为产业提供更完善和宽松的经营和投资环境，吸引更多外地产业向城镇集聚，进一步促进城镇投资规模增长，提升城镇投资规模效益。产业集聚在提升城镇废物处理、绿化规模和效益上，一方面，城镇产业集聚促进综合利用原料、能源和"三废"资源，减少污染排放，提高了废物处理的规模和效益；另一方面，产业集聚区的绿化建设，通过合理确定绿化用地布局和规模，完善企业内部绿地规划建设，对城镇绿化产生积极的影响。

二、产业集聚形成新型城镇化建设的成本优势

传统的城镇化建设在促进产业集聚发展过程中，存在着一定的"大锅饭"现象，没有根据城市和城镇的经济发展水平，以致为了享受产业集聚的税收财政优惠等政策，大量企业既不考虑自身实际，也不考虑相互的关联性，盲目进驻产业集聚区，形成大、全、乱的产业集群，导致产业集聚发展力度不足，直接造成产业集聚的高成本发展，降低了产业集聚支撑城镇化的发展能力。

在新型城镇化建设过程中，产业集聚不断实现产业和企业的规模扩张，生产经营能力得以提升而实现规模经济。同时，新型城镇化对产业集聚支撑度日益增强，产业合作程度更加密切，产业经营管理和生产技术优势外溢等多种因素形成产业外部增长经济性。因此，产业集聚能够降低集聚企业经营成本，形成城镇的成本优势。首先，在新型城镇化建设过程中，产业集聚将关联企业以经济联系、产业链联系等方式进行专业化分工协作，通过共享和集约利用城镇公共资源，增强产业集聚协同效应，通过新型城镇化所提供的土地、基础设施、公共交通、信息系统、物流网络等就能够充分实现规模效应，提高城镇人

力、物力和财力的使用效率，进而降低信息成本、运输成本、能源成本等形成产业集聚低成本优势，提高产业发展的经济附加值，降低城镇公共服务设施方面的投资和建设成本。其次，随着产业在一定城镇区域的集聚，为了保障集聚区产业的良性发展，城镇势必要对其行政管理体制进行改革和重塑，在行政管理运行机制构建、突破行政区划管理、管理职能和权限界定实施、职能部门的沟通协商等方面进一步深化改革，强化职能管理，简化审批程序，整合集聚区管理职能，提高办事效率，有效提高了城镇行政管理效率，进而降低城镇行政管理成本。最后，城镇通过产业集聚的集约化发展，促进城镇资源高效利用、降低污染物的排放、提高废物利用率以及城镇生态文明建设等，从而减少和降低对城镇生态环境污染和破坏，改善生态环境保护和恢复体系，新型城镇化生态文明建设效益逐步提升，人与自然的和谐发展不断增强，降低了城镇生态文明建设投入，生态资源对城镇经济发展贡献率日益提高，从而新型城镇化获得了生态文明建设的低成本优势，对提升新型城镇化可持续发展产生重要影响。据国家发改委公布的调查结果显示，在新型城镇化规划和建设要求下所进行的产业集聚，通过社会公共资源共享、集约发展可以节约行政管理费 20% 以上；通过清洁生产、废弃物再利用等方式能够降低生态环境污染率 30% 以上；通过技术创新、循环利用等方式能够提高能源利用率 40% 以上；通过企业自主投资城镇基础设施建设能够降低城镇建设投资 10% 以上；通过提高土地空间容积率、利用率等方式能够节约土地 30% 以上。

三、产业集聚为新型城镇化发展提供动力源泉

依据《国家新型城镇化规划（2014—2020 年）》，相对于传统城镇化建设，当前我国实施的新型城镇化建设在建设理念、建设原则、实现目标、实现路径等方面都有所突破创新。在建设理念上，突破传统单纯追求城镇数量增加、规模增长的理念，实现城乡统筹、城乡一体发展。在建设原则上，提出新型城镇化建设是以人的城镇化为核心，以政府为引导，市场机制选择为主导，以四化同步发展，生态文明建设不断进步等进行城镇化建设。在实现目标上，提出提升城镇发展质量和效率，构建适宜的城镇工作和生活环境，完善城镇体制机制以解决人们的工作和生活问题。在实现路径上，通过合理规划城镇空间布局，创新城市治理机制，有序推进农村转移人口市民化，构建全国范围内的城市群

协调发展机制，形成产业、综合交通运输网络支撑的城镇化建设，实现城乡统筹、城乡一体发展。

新型城镇化建设要求走节约集约道路，需要劳动力、资金、技术和创新的集聚支持，离不开产业支撑。第一，产业集聚为城镇发展提供了充足的劳动力和创新源泉。在市场机制选择下，产业在追逐新型城镇化建设中所提供的有利条件逐渐向城镇集聚，产业发展水平和质量都得以提升，就业岗位逐渐增加，对劳动力的需求不断增长，为城镇增加了就业机会。而产业集聚所提供的就业机会将对人口向城镇集聚产生重要影响，农村转移人口在就业吸引下向城镇集聚，专业人才也将会选择更适合自己的就业岗位而在城镇之间流动而产生人才集聚。一方面，农村转移人口、专业人才为城镇化发展提供了劳动力资源动力；另一方面，产业集聚发展也将提升创新集聚，专业人才集聚能够广泛地实现知识的聚集，从而推动城镇创新和产业创新集聚，而创新特别是技术创新为提高城镇劳动生产率提供了重要源泉。第二，产业集聚发展为集聚企业提供了规模经济和外部增长经济性条件，降低了企业的经营成本，增强了产业的经济效益，进而促进新型城镇化经济社会发展，增强了城镇的经济实力，提供和拓展了新型城镇化发展的资金动力源。第三，产业集聚发展通过发挥集聚效应，带来了要素的高效利用，实现了要素的规模经济，将吸引更多、更优质的要素向城镇集聚，提升了新型城镇化发展的要素资源支撑动力源。第四，产业集聚发展，通过挖掘城镇的优势资源，发挥城镇区域比较优势，依托城镇完善的服务功能、优化的发展环境有效发挥区域产业特色，不断发展壮大、提质增效推动城镇主导产业的形成和发展，为城镇四化同步建设提供重要的资金支持和空间载体，提升产业对新型城镇化的支撑力，促进城镇四化建设水平和质量的提升，为新型城镇化提供内在动力。第五，产业集聚发展，一方面，促进城镇建设和完善为产业服务的诸如信息咨询、技术培训、法律咨询等相关服务行业，提升这些产业的规模和效益水平；另一方面，产业集聚带动的人口集聚促进了城镇加强餐饮、旅游等服务业的规模和效益水平，提升城镇服务业的规模和效益，为新型城镇化发展提供了后续动力。

四、产业集聚为新型城镇化提供优良载体

新型城镇化建设势必带来人口城镇化、资源要素城镇化，解决农村转移人

口在城镇就业创业，提升生产要素在城镇的效能，成为要素集聚与人口集聚的重要载体，而城镇化的这种载体作用，必须通过产业发展提供人口充分和优质就业，发挥要素促进新型城镇化发展的功能优势。新型城镇化下的产业集聚发展，通过实现产业结构调整、创造就业岗位，不仅能够解决一般劳动力的就业问题，还能够吸纳专业化和高技术人才的就业，为城镇集聚人口提供稳定的工作和经济收入，解决其在城镇的生存问题，为新型城镇化发展提供人口集聚载体。据 2016～2018 年《河南统计年鉴》，2015～2017 年，河南省部分城市从业人员数如表 4-7 所示。产业结构调整优化是新型城镇化建设的重要任务和抓手，为实现节约集约利用，降低高污染、高能耗成本，资本密集、知识密集、技术密集产业在城镇迅速集聚发展，第二、第三产业得到充分发展，各产业之间的有机联系的聚合质量得以提升，促成了新型城镇化的产业结构高度化、合理化，为新型城镇化产业结构调整优化提供了坚实平台。在产业集聚发展过程中，将以若干特色突出、错位发展、功能互补的产业集聚区作为平台，形成新型工业领域集聚区、现代生产性服务业集聚区等，在市场配置功能的调节下，不同的要素将向这些产业集聚区进行优化流动配置，发挥要素的资源规模效应，提高要素附加值，为城镇要素集聚提供了理想平台。同时，为保障企业生产、生活高效运行，产业集聚发展对新型城镇化建设提出了完善通信、交通路网建设、物流、商贸、配套管网等基础设施建设，提升产业服务平台和共性技术平台建设等公共设施，为新型城镇化提供了投资平台。新型城镇化下的产业集聚发展最明显的转变就是更加注重明确城镇区位优势定位，注重发挥所依托城镇区位优势，进而选择和发展能够充分发挥城镇区位优势的产业，为城镇区位优势的发酵提供重要载体。

表 4-7 　　　　　**2015～2017 年河南省部分城市从业人员数**　　　　　单位：万人

年份	郑州	开封	洛阳	焦作	信阳	安阳	新乡	许昌	漯河
2015	320.86	78.64	155.75	95.94	104.08	94.04	110.97	79.44	47.51
2016	355.10	90.37	165.44	101.90	105.05	98.07	119.37	91.79	51.47
2017	381.29	89.87	171.36	107.39	106.65	103.79	127.80	99.51	58.38

资料来源：2016～2018 年《河南统计年鉴》。

第三节　国内实施产城融合的效应探究

近年来，各地积极转变传统城镇化建设理念，从产城互动着手，积极贯彻落实国家新型城镇化规划，城镇与产业联动关系日益强化，在城镇服务于产业发展、产业支撑城镇发展等方面取得了一定成效。

一、城镇服务产业能力日趋增长

在新型城镇化建设进程中，各城镇依据地方实际，积极探索产业支撑城镇发展，通过不断拓展城镇空间规划建设，为产业提供空间载体的同时强化产业服务能力；从产业发展规律出发，明确产业发展定位，充分发挥产业辐射带动功能，坚持市场主导、政府推动，以产城互动、低碳环保为原则，以产业园区、工业园区规划建设积极为产业集聚提供空间载体，中央和地方政府加大产业发展基础服务设施建设、资金支持、金融扶持、用地保障、招商引资、人才支持和商贸流通服务力度，如图4-1和图4-2所示。目前，各级各类城镇从科学规划、政策扶持、财政税费支持、金融服务、商贸流通、建设用地、科技投入及公共服务设施等方面为产业集聚服务能力日益增长，助推了产业园区成为城镇经济社会发展的新的增长极。

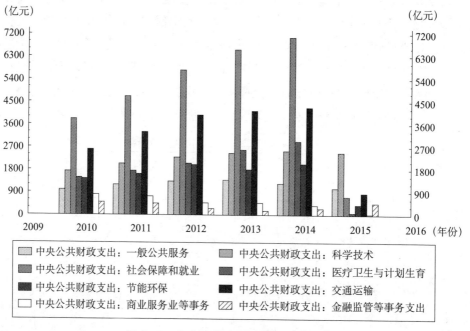

图4-1　中央公共财政支出项目（部分）

资料来源：中国国家统计局网站。

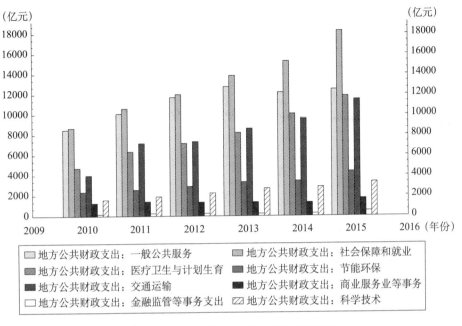

图4-2　地方公共财政支出项目（部分）

资料来源：中国国家统计局网站。

据国家统计局及 Wind 咨询数据，2014 年和 2015 年，城区面积分别为 184098.59 平方公里和 191775.54 平方公里，建成区面积分别为 49772.63 平方公里和 52102.31 平方公里，分别增长 4.17% 和 4.68%，为产业园区建设提供了广阔空间。截至 2013 年底，我国已批准了国家级和省级产业园区 435 家和 1222 家，地市级产业园区数量也在飞速提升。2013 年和 2014 年，纳入计算的 210 家和 215 家国家级经济技术开发区实现地区生产总值分别占国内生产总值的 11.75% 和 12.03%，城镇产业支撑城镇发展和服务能力日益增强。

二、城镇生产性服务业服务能力进一步提升

近年来，各级各地政府全面深化改革开放，在各级各类政策支持下，特别是 2014 年 8 月，国务院印发《关于加快发展生产性服务业促进产业结构调整升级的指导意见》以来，各级各地政府积极出台相关政策，不断降低对生产性服务业的管制，为适应企业服务化转型和专业化、市场化要求，在充分发挥市场机制功能的同时，强化市场准入、财税支持、金融服务、人才应用以及用

地规划政策支持。当前，各级各类城镇在优化政府财政投资的同时，通过吸纳和引进民间资本与境外资本投资，金融、保险、运输等生产性服务业规模不断发展壮大，如图4-3所示；研发与设计服务、科技成果转化服务等行业日趋成熟和规范，如图4-4所示；我国生产性服务业市场竞争主体地位更加凸显，与三次产业融合程度增强，对国民生产总值增加值指数贡献日益提升，如图4-5所示。

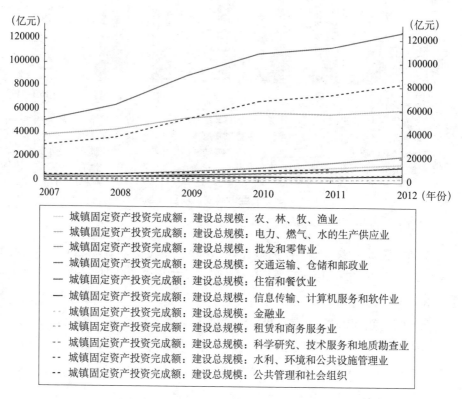

图4-3 2007～2012年城镇生产性服务业投资建设规模（部分）

资料来源：中国国家统计局网站。

三、产业对就业支撑功能得以强化

在国家新型城镇化发展规划指导下，城镇产业集聚从"重投资、轻就业""重集聚、轻支撑"转向"产城融合""产业支撑"。当前，在各级政府有关政策指导下，特别是在深化改革开放政策指引下，各城镇着重发展产业配套支撑，

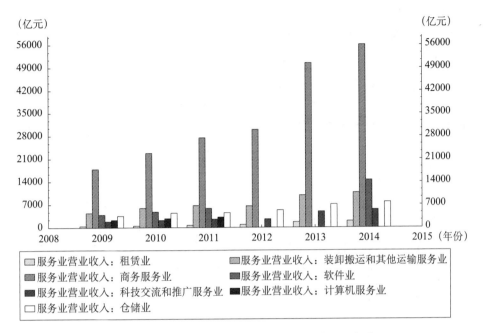

图 4 - 4　2009～2014 年生产性服务业营业收入（部分）

资料来源：中国国家统计局网站。

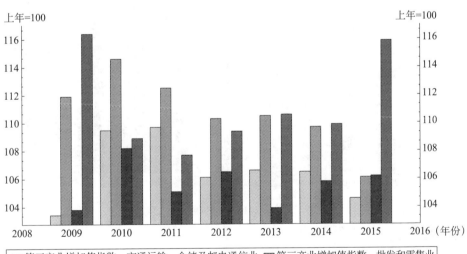

图 4 - 5　2009～2015 年生产性服务业增加值指数（部分）

资料来源：中国国家统计局网站。

强调科学规划，依托产业园区、经济开发区等平台，从产业链延伸、建立和健全等方面入手，积极引进外部优势产业，加快优化本地主导产业结构，积极推进产业内外部协作分工，实现产业集聚融合，同时强化本地传统产业转型升级，特别是提升服务业就业带动效应；强化生产性服务业与产业集聚发展联系；通过物流基地、配送仓储中心以及陆海空联运平台等"大物流"体系，进一步提升产业集聚发展的物流功能需求服务。目前，城镇产业基地不断完善，"飞地"经济得以大力发展，"板块经济"逐渐发展壮大，产业链条得以延伸和完善的同时融合度日益提升，产业要素保障机制日益成熟，科技创新平台得以建立健全，产城融合发展进一步提升，特别是服务业的发展壮大，产生了就业"虹吸效应"。据国家统计局和 Wind 资讯数据，2008～2015年，城镇就业人口逐年上升，第一产业和第二产业就业人口比重逐步下降，第三产业就业人口数量突飞猛进，产业吸纳就业人口规模迅速扩大的同时，产业就业结构日益优化，如图4-6和图4-7所示，产业支撑城镇人口集聚功能得以强化。

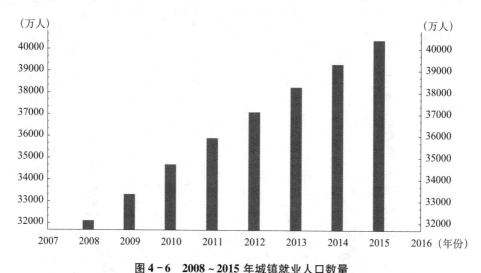

图4-6　2008～2015年城镇就业人口数量

资料来源：中国国家统计局网站。

四、产业服务城镇功能日益凸显

近年来，产业在向城镇集聚发展过程中，各级各地政府坚持"新型工业

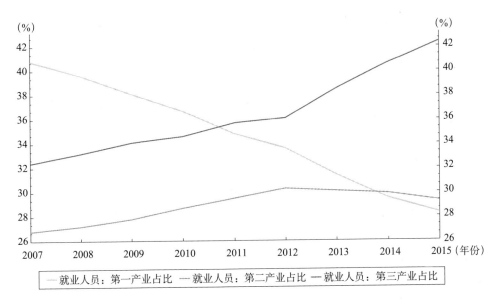

图4-7 2008~2015年三次产业就业人口变化趋势

资料来源：中国国家统计局网站。

化和新型城镇化要良性互动"的原则，积极为产业提供配套服务，不仅提升了产业自身发展能力，而且发展壮大了产业服务城镇的自身造血功能。一方面，产业向城镇集聚逐渐形成规模经济，产业间经济联系更加紧密，产业链条更加完善，产业链各环节协作能力不断增强，降低了生产要素、消费市场的区位约束，不断促进生产要素在产业内外流动，为产业分工协作、协同创新提供了宽松的市场环境，产业技术创新、融资机制以及市场开拓等生产经营活动能力得以强化，不仅实现了产业结构优化，而且也提升了产业自身发展能力，为城镇经济发展提供了重要支撑。据国家统计局及 Wind 资讯数据，2008~2015年，三次产业对 GDP 贡献率日益增强和优化，如图4-8所示。另一方面，在积极政策引导下，城镇产业发展环境不断优化，大批成熟和拥有较强带动作用的产业向城镇集聚，产业经济效益不断提升，为城镇基础设施建设、环境保护等可持续发展因素提供了资金支持；产业吸纳就业能力的不断提升，有力提升了城镇的人口吸纳和承载能力。据国家统计局和 Wind 资讯数据，2008~2015年，中国创新指数迅速增长，如图4-9所示，创新为中国经济社会发展提供了新引擎。

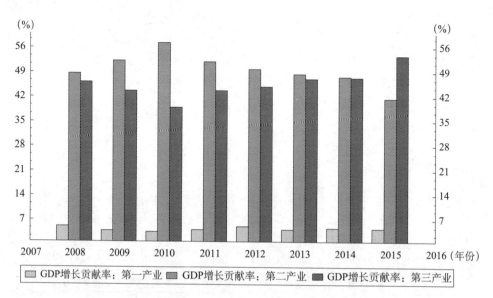

图4-8 三次产业对 GDP 的贡献率

资料来源：中国国家统计局网站。

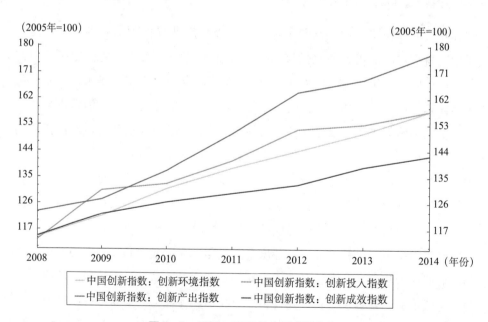

图4-9 2008～2015 年中国创新指数

资料来源：中国国家统计局网站。

第五章 /

新型城镇化与产业集聚政策联动机制

　　新型城镇化下的产业集聚更加突出和重点打造产城相互联动效应。新型城镇化通过实施土地城镇化、农民市民化等具体战略性策略推动各类经济劳动要素在市场作用下也会不断地向城镇集聚，从土地、人力资源、劳动要素资源和相关扶持政策方面为产业集聚发展提供了软硬件环境适配性保障。而产业集聚通过共享和规模使用城镇基础设施，降低了城镇基础设施规模需求，从而减少城镇对基础设施的建设投资。产业集聚对资源的集约化管理运用，既能提高资源的使用效率，又能对资源节约集约利用，从而有效降低资源成本。产业之间的竞合形成品牌产业，能够有效提升城镇形象、吸引生产要素集聚、发挥城镇区位优势，进而降低了新型城镇化无形资源的成本，提升了城镇的竞争力。同时，新型城镇化依托中心城市和县城，从城镇发展需求出发，借助市场选择机制，吸引和保留与新型城镇化建设高度融合、高效互动的产业进入城镇集聚发展，依据城镇优势形成不同的产业集聚，既能优化区域产业布局，在城镇内部、城镇之间有效实现集聚产业的合理分工、优势互补、相互协调、相互依托、互促共进，又能提升产业针对新型城镇化建设所需的支撑力和推动力，与城镇形成良性互动，形成产城相互支撑体系。

第一节　新型城镇化与产业集聚政策联动耦合机制

　　新型城镇化与产业集聚政策耦合主要考察城镇功能规划与产业集聚规划是否吻合、城镇功能空间结构与产业集聚空间结构能否相互支撑、城镇功能是否具有完善的产业集聚发展支持体系。同时，还要考察新型城镇化建设产业集聚互动发展能否能够在利用劳动力、生产和资源要素等方面促进城镇形成和发展规模经济；能否提升土地的节约集约利用，提升生态文明建设质量；能否为城镇集聚生产要素提高吸引力和容纳力，提高城镇资源的优化配置；能否高效推进新型城镇化进程，充分发挥区位优势，促进城镇产业结构优化，提升新型城镇化的经济功能，提高城镇产业的整体竞争能力；能否优化区域功能体系，在促进城乡一体化发展过程中，增强区域协调发展经济、社会等各系统功能，提升区域经济内生及外生发展能力和国际竞争力，实现区域经济提质增效；能否通过节约集约发展发挥资源共享效应，提高资源利用效率，实现城乡经济社会一体化发展和人的全面发展。

一、新型城镇化与产业集聚政策耦合的结构与内容

产业集聚和城镇化虽然具有不同的行为特征和网络结构，但新型城镇化为产业集聚提供相关依托和服务，产业集聚为新型城镇化提供可持续发展力，二者是相互影响、相互适应的动态互动系统。实践证明，新型城镇化与产业集聚互动的过程中，生产要素、产业结构、空间布局、制度环境等方面的良性耦合，都将影响甚至决定二者的联动效率，影响两个系统对经济社会发展的引擎效应。

（一）生产要素的耦合

生产要素包括各种物质生产条件和人的劳动，具体到新型城镇化与产业集聚良性联动主要涉及土地、人才、资本、产品、技术和信息等多个方面的耦合。土地的耦合主要是产业结构与新型城镇的土地空间匹配，既涉及土地面积、质量、用途，又涉及土地的使用效率。新型城镇化建设是多种系统良性互动的工程，特别强调以人为核心的城镇化，从土地节约集约利用、产业支撑和生态文明建设等方面支撑以实现人口城镇化，实现城乡一体化发展。其中，土地节约集约利用是新型城镇化的重要承载空间及物质基础，生态文明程度改善是新型城镇化实现的重要目标之一，产业是新型城镇化建设的重要支撑，是吸纳城镇集聚人口的重要载体。因此，必须从城乡一体化质量、提高城镇承载力、资源高效利用和生态文明程度提升等方面着眼，做好新型城镇化建设总体

规划、人口城镇化、产业集聚发展规划、土地总体规划和生态文明建设规划。从城乡统筹、土地投资利用强度、土地投入产出率、产业与城镇融合度以及生态环境保护等方面，有针对性地解决农村转移人口市民化、选择土地的开发利用、构建对新型城镇化支撑度强的产业结构和建设人与自然和谐的生态文明，形成高效的新型城镇化建设系统。人才耦合主要是城镇人才供给效应与产业集聚发展对人才需求效应的耦合，城镇和产业都需要发挥出各自系统对人才的集聚功能，以保障城镇和产业发展对人才的需求。同时，还需要实现城镇和产业与人才的匹配，以实现人才的有效配置。资本的耦合一方面是产业集聚发展要为城镇化建设推进积累资本，要求产业在集聚发展过程中，必须充分发挥集聚效应，为城镇创造更多的经济效益和社会效益，为城镇发展提供充足的资本支持；另一方面城镇发展要为产业集聚发展、产业优化升级等提供充足的资本支撑，要求城镇必须培育和完善系统严密的金融体系和发达的资本市场，以保障产业集聚发展必要的投融资渠道。产品的耦合主要是集聚产业的个体企业有能力为社会提供充足的产品和服务，城镇有能力为集聚产业提供生产经营活动所需要的相应服务。技术的耦合一方面体现为城镇技术研发子系统优势能够向集聚产业技术应用子系统渗透和扩散；另一方面是集聚产业技术应用子系统有能力承接城镇所提供的技术支持，并且能够不断促进城镇技术创新能力进步。信息的耦合主要体现在城镇信息管理体系构建是否完整，特别是市场信息和技术信息管理的规范化、网络化和充分化，电子信息能否满足社会主体对信息消费的需求，同时，集聚产业从社会、市场等能否及时方便地追溯寻求和使用到充分的信息检索、筛选，特别是产业自身所需要的能够提升生产、销售及消费能力的市场信息和技术信息，从而实现企业运营的低成本优势、转型升级方式等为城镇经济可持续发展和产业转型升级提供有力的支持。

（二）产业结构的耦合

产业结构的耦合主要体现为城镇和产业在相互支撑之间能否实现无缝对接。一方面，集聚产业链与城镇的横向对接，城镇所提供的生产要素、基础设施、相关服务等能够为产业结构转型升级提供支撑。城镇生产性服务业通过为产业提供及时高效的服务提升产业运营效率及可持续发展，同时，产业集聚发展通过消费生产性服务提升生产性服务业的市场机遇和运营效率，进而形成明显的相互依赖性，实现互促共进。特别是城镇金融服务、信息服务、商业服务、法律工商服务和现代物流服务能够为城镇产业提供投融资、信息消费、商务活动、法律法规保障和运输物流，直接决定产业经营质量和效率。同时，生产性服务的发展水平和完善程度，影响和决定着向城镇集聚的产业类型、规模和发展模式，能够适应和充分利用城镇生产性服务业的产业将在城镇得以集聚和生存，否则将被排挤在城镇产业集聚发展之外，进而在优化城镇产业结构的同时，也提升了城镇产业发展质量。当前，金融、信息及商务等生产性服务业已经成为城镇中的第二、第三产业，特别是制造业必不可少的支撑，对制造业市场、产品及生产技术提供转型升级产生重要影响，同时也为生产性服务业创造了丰富的市场机遇。不仅如此，生产性服务业在为城镇产业提供服务的过程中，也在不断适应产业需求进行生产经营模式和服务模式的完善，进而生产性服务业也得到逐步发展和完善，二者相互支撑运营、协作发展、相互依托消费和相互影响关系日益紧密，已经形成了共生共荣、共同发展、互促互进的联动关系，尤其是生产性服务业所提供的研发活动、质量检测、信息服务、技术服务、咨询培训及物流运输等专业化服务，通过全方位、规模化服务能够提升制造业、服务业等集聚产业效率、信息利用率、降低生产和交易成本以及扩展经营地域。同时，随着制造业、服务业经营日益专业化以及分工的进一步深化，特别是产业的转型发展、创新发展带来了产业价值链再造、产业转移等对生产性服务业中间性需求更加旺盛，为城镇生产性服务业创造了广袤的市场，支撑着城镇生产性服务业消费。另一方面，城镇集聚产业链内部的纵向对接，包括产业链的完整程度、上下游产业或企业的协作度和产业链内部的联动发展等多个方面。通过供应链管理、供应商关系管理、客户关系管理等实现信息流、物流、资金链共享，达到上下游企业之间的高效协同，提高产业链效率、分散风险，促进产业良性发展和升级。

（三）空间布局的耦合

空间布局的耦合主要体现在城镇功能能够与集聚产业发展需求相匹配。新型城镇化建设，在不断完善城镇的生产和公共服务等硬件服务基础功能的同时，逐步提升支持产业生产经营活动、改善产业经营效率的软件服务功能，特别是在产业发展所需求的市场体系、商务、金融交易、经营环境、总部决策、科教和国际交往等高级服务功能上的支撑能力得到空前发展。城镇与产业集聚的空间布局耦合首先表现在城镇功能的定位与实现和产业集聚定位与发展根据地理空间特点，依据城镇空间资源禀赋和可持续性，通过构建发达的物质网络发展产业区、商务区、金融区等专业化空间分工，在为产业集聚提供充足空间、经营资源等方面提供支撑的同时，促进城镇功能和产业发展在空间上的重叠，将城镇功能和产业布局到最适宜的空间。其次，城镇产业结构的持续转型升级充分发挥城镇不同功能区的经济社会资源功能，通过提供就业岗位等增强城镇人口的空间吸纳力。同时，产业结构调整促进城镇发展走新型化、节约集约化、智能化模式，城镇功能逐步在整体性、层次性和开放性等方面发生有序变化，城镇功能区协调合作能力不断增强。最后，新型城镇化通过创新土地管理体制机制等方式进行城镇空间转型升级，为产业集聚发展提供充足的地域空间支持，特别是对高新技术产业等新型产业在土地、用工和投融资等方面网络化转型升级服务，提升了产业用工方式、就业方式多元化，进而扩展了产业结构的空间布局转型升级。同时，随着产业结构转型升级，城镇产业空间布局也在不断优化，特别是由第二产业主导型向第三产业主导型升级转变过程中，充分发挥城镇空间区域交通优势，制造业空间布局调整，远离城镇中心，多处在城镇外联性交通便捷区域，既能为制造业提供充足经营空间和满足外联需求，又能为服务业在城镇内部获得较大发展空间，实现了城镇空间结构实时优化升级。

（四）制度环境的耦合

随着新型城镇化的深入推进和产业集聚程度的不断提高，产业对城镇的支撑随着各产业及企业的分工和专业化程度不断深化，城镇和产业的规模经济、外部经济效益日渐增强，既有的城镇建设和产业集聚政策已不能满足城镇和产业发展需要，甚至出现不协调因素，迫切需要加强新型城镇化建设和产业集聚政策以及制度的融合，主要包括相关法律法规、规划制度、组织制度和利益分配与奖惩制度。

从宏观上来看，城镇和产业集聚的耦合需要城镇建设规划和产业集聚规划能够充分协调城镇内各方利益，优化城镇内资源配置，解决城镇产业结构趋同、重复建设和经济封闭等问题，高效实现城镇及其产业的发展目标、发展规模以及各项经济发展指标。具体来说，在城镇基础建设规划方面，适时将城镇发展规划政策上升为法律法规，加强跨行政区域规划的协同性；在产业结构规划方面，能够充分实现城镇产业有梯度地合理转移，有效整合产业优势、资源优势、能源优势、技术优势和港口优势等，实现产业结构和产业布局的科学合理化，产业分工的合理化和科学化。在利益分配与奖惩制度方面，需要有相应的法律制度做保障，明确负责实施分配合作成果主体、分配主体、分配依据和分配方法，建立多元化的评估体制，依据评估结果进行利益分配，以实现利益公平分配和责任分担明确；实行明确、严格的奖惩制度，应从法律法规层面明确奖惩制度的仲裁、执行机构及程序，制定城镇与产业集聚发展过程中的行为规范，界定违反行为规范后应承担的惩罚。

二、新型城镇化与产业集聚政策耦合过程

随着新型城镇化建设与产业集聚发展继续深化，两个系统的耦合已突破了自我维持阶段，不再是各自为政、自给自足的状态，城镇与产业相互依存、相互影响的关系逐步增强，城镇对产业的服务功能日益提升，产业通过积极参与市场竞争，进行广泛合作交流为城镇发展提供支撑和动力源，城镇与产业良性联动效应已逐步显现。新型城镇化与产业集聚政策耦合如果单纯依靠系统之间的微观层级互动和政府选择机制，结果只能实现多局部、小范围的协同演化和非需求导向的试探性融合；新型城镇化与产业集聚政策耦合需要依靠两个系统之间宏观层级互动和市场选择机制，形成产业集群子系统与城市子系统的相互依赖、相互促进和协同互动。

（一）重点提升产城互动

新型城镇化建设背景下，产业集聚的发展被赋予了新的使命和要求，不再单纯强调脱离城镇发展需求的产业自身良性发展，而且突出加强了城镇与产业共生共荣、相互支撑、相互促进的产城互联互动效应。新型城镇化建设，通过制定和实施土地流转、农民市民化等相关政策促进农民向城镇集聚，各类经济劳动要素在市场作用下也会不断地向城镇集聚。随着新型城镇化建设推进，丰富的自然资源、经济劳动要素、人口也逐渐实现在城镇的集聚，为产业集聚提供了土地、人力资源和劳动要素资源保障。产业在城镇区域的集聚通过提供就业岗位和劳动要素的配置空间，提升了城镇吸纳、承载人口和劳动要素的能力。新型城镇化通过城乡统筹、节约集约地提供共享的交通运输建设、产业园区筹划、信息系统架构、物流网络、生活服务、中介服务、社会关系服务等基

础设施服务，促成产业集聚区内企业获得低成本优势，提升了产业发展能力。同时，产业集聚发展通过共享物流运输、信息网络、水电气等城镇基础设施，形成城镇基础设施的规模效应，降低城镇基础设施的投资重复率，实现资源的节约集约化管理运用。另外，产业集聚发展通过打造完善的产业链，充分发挥城镇的区位优势，形成品牌产业，不仅实现了城镇投资的规模经济，为产业集聚发展提供强有力的支撑，提升城镇自身发展能力，而且降低了城镇化基础设施、产业促进等建设成本，直接提升了城镇的竞争力。

（二）产城互动打造成本优势

随着新型城镇化建设的推进，产业集聚发展主要根据城市和城镇的经济发展水平，从企业自身实际及行业的相互关联性出发，建设和发展产业集聚区，提升了产业集聚支撑城镇化的发展能力。在新型城镇化建设过程中，依托产业集聚对低成本优势的追逐，充分发挥城镇基础设施规模效应，推动城镇化取得资源集约利用和管理成本降低等优势，进而降低城镇体系的构建成本。

（三）产城联合研发

新型城镇化背景下，各城镇对产业技术研发等不再是由企业独自承担研发成本，而是激发和组织社会力量，实现官、产、学、研一体研发，以及产业集聚区内企业共同进行研发投入，从而加强了城镇研发的投入力度。不仅如此，在研发投入方面，进行产业市场需求合理分析，明确研发投入方向，进行科学合理的资金预算，切实保障研发活动的整个过程得以顺利完成，研发成果得以科学转化应用。要加大与产业集聚程度相适应，与产业集聚未来发展趋势和企业发展现状及发展趋势相关的关键技术、基础研究、先进技术、共性技术等的研发投入。同时，从资金使用方面进一步加强和完善研发投入的预算执行管理，以法治思维依法治理，强化研发投入的预算约束刚性，提升研发投入效率。

第二节　新型城镇化与产业集聚政策联动的动力机制

从动力机制来看，新型城镇化与产业集聚政策联动是政府调控行为与市场选择机制有效组合的成果。在政府的引导和市场的主导下，"创新、选择和扩散"作为新型城镇化与产业集聚政策联动的动力机制日益成熟，效率得到显著提升。一段时期以来，在充分尊重和发挥市场作用基础上，政府主要通过制度创新和公共政策调控等为新型城镇化与产业集聚政策联动提供动力，而市场则主要通过引导生产要素流动、产业集聚、产业结构转换提供直接动力。

一、行政制度创新机制

创新是促进新型城镇化与产业集聚政策良性联动的动力源，特别是制度创新、体制改革和技术创新等打破了城乡一体化发展的政策障碍，加快转变发展方式，迅速激活各类资源要素，扩大投资需求和消费需求，全面激发新型城镇化和产业集聚发展的动力和活力。

（一）深化改革行政管理体制提供制度动力

随着行政管理体制改革的深化，政府职能转变显著，市场决定功能日益发挥，特别是建立服务型政府，行政管制趋少，依据经济社会发展需求，由市场机制进行充分调节，政府与市场、社会的关系和职能划分日趋清晰、完善，政府职能定位和实践日益完善。从简政放权出发，通过深化改革政府行政管理体制，整合政府机构，政府职能发挥效率日益提升，将属于市场与社会的职能完全交给市场与社会行使，强化政府的社会服务职能、监督职能等措施，实现了政府与市场、企业、资源分开，既增强了政府的行政能力，又极大地激发了市场和企业的活力。在市场监管体制改革方面，从严格和规范市场准入、市场行为入手，通过加强运用经济手段调解经济活动，使用法律手段保护正常的经济行为、惩治不正常的经济行为，辅以必要的行政手段为市场和社会主体提供协调和服务，在制度上为社会资源高效配置提供了有利机制，为新型城镇化和产业集聚提供了良好的市场环境。在社会管理体制改革方面，从加强政府与社会协作入手，利用市场与行政调节手段，健全基层社会管理体制，广泛运用社会力量和资源，强化民间社会管理职能和执行权，进一步释放了市场主体的主动性和积极性，从而促进了新型城镇化和产业集聚政策执行落实。在促进就业和调节收入分配方面，积极利用市场机制，通过新型城镇化建设和产业转型升级等不断创造良好就业环境和就业机遇，保障农村转移人口和城镇居民收入的增长，同时改革养老保险、失业保险、最低工资标准等体系机制以强化政府的社会保障职能，为新型城镇化和产业集聚提供了人口吸引力。政府行政管理体制改革旨在提高政府效能、强化市场职能，在优化政府组织结构、维护社会安全、市场秩序以及促进就业等社会管理职能的同时，增强了市场配置资源的基础性作用，提高了政府民主决策科学水平，为新型城镇化与产业集聚政策良性联动提供体制保障和制度动力。

（二）土地管理制度改革提供可持续发展动力

新型城镇化和产业集聚发展都离不开对土地的大量需求，在传统的土地管理制度下，一方面，造成城镇化建设和产业集聚发展对土地获得障碍，土地供给不足；另一方面，出现城镇化建设和产业集聚发展对土地利用效率低下，造成土地资源与经济社会发展矛盾。党的十八大以来，我国土地管理制度从提高土地使用效率出发，在保障耕地基础上，从规划和用途管制等方面进一步深化改革。新型城镇化规划依据城乡土地供给能力、市场对土地的需求及土地自身优势，从提高土地利用效率、土地产出率以及提升生态文明建设出发，对土地利用结构和利用方式等明确提出节约集约利用土地，在提升新型城镇化和产业集聚发展获得土地要素可持续性支撑的同时，也为新型城镇化和产业集聚发展利用土地提出了提高效率的要求。

当前，我国土地管理制度改革主要针对城乡土地使用效率低下、浪费和闲置土地等问题，从保障土地基本耕地标准，使用高效、节约集约利用出发，实施保障经济社会可持续发展，从土地利用的途径、开发方式、保护及空间容积率等方面进行总体规划，特别是加强农村和城镇土地质量及潜力评价，进而规划土地适宜性的节约集约使用、开发利用。同时，强化土地入股、流转等收益分配方式，完善现行土地管理制度，强化土地依据法律法规管理力度。在严格耕地保护的基础上，进一步完善和规范农村土地类型、流转方式、征地补偿、征地安置和土地管理的责任制度。在城镇土地使用开发方面，不仅强化土地管理责任制度，而且重点调整土地结构，创新土地使用权出让和转让管理体制。这些土地政策制度的实施，与新型城镇化建设、产业发展及基础设施建设等规划高度融合，对于建立城乡统一的土地交易市场，推进土地资源的市场化配置，健全土地股权量化机制，以转让、出租、入股、抵押等形式创新和完善土地流转交易管理提供了制度和体制保障。这些重大改革措施能够有效突破土地二元制结构,改变土地供给方式,充分发挥市场资源配置功能,极大地提升土地市场流通程度。不仅能有效增加农民财产性收入,为新型城镇化建设和产业集聚发展提供必要的土地要素支撑,进一步优化新型城镇化建设和产业集聚发展用地结构,有效提升土地使用效率的同时,还能够促进城镇和产业内部空间布局合理化和发展模式的科学化,增强新型城镇化和产业集聚发展的匹配性,为新型城镇化建设和产业集聚发展提供可持续发展动力。

(三) 投融资体制改革创新提供金融动力

现有城镇化建设和产业集聚发展融资制度建设相对滞后,在经济增速放缓的背景下,新型城镇化和产业集聚发展融资空间相对缩小,亟须推进投融资体制的改革与创新。

我国的投融资体制改革在长期探索的基础上,2015 年为适应全面深化改革,重点通过建立和健全政府与社会合作机制,在加强社会资本投资引导、拓展社会资本进入经济社会建设渠道等方面积极探索和推广政府与社会资本合作(PPP)模式。在政府与社会资本合作方面,坚持政府引导、市场主导,通过实行规划衔接和审查制度,严格管理政府类投资项目,通过分工负责、分类管理进一步规范政府类投资项目审批程序,强化审批程序的合法化、合规化。依据政府类投资项目使用资金类别和使用资金规模分层分级加强审批程序分工协作。使用中央资金项目,强化中央层级审批权限,辅以地方政府协作,民众监督;使用地方政府资金项目,加大各级地方政府投资主管部门对投资项目审批权限,辅以上级政府主管部门协作及民众参与的全民监督;使用企业资金或社会资本的政府类投资项目,通过市场机制调节,强化行业部门对政府类投资项目审批权限。这些措施实现了简政放权,规则管理,特别是针对企业资金和社会资本的政府类投资项目的审批环节减少及核准范围的收缩,进一步强化企业在市场机制运行下的投资主体地位。加快向民间资本推出投资项目,推进市场竞争机制配置资源,破除政府投资垄断体系,积极推进政府与社会资本合作。在公共服务领域,强化社会资本参股或独立投资政府投资项目建设,特别是允许非国有资本参与国有企业投融资体制,充分提高社会资本运作效率。引入社会资本推动重大项目前期工作,放开竞争性业务,鼓励社会资本参与社会事业项目建设。健全政府债务管理体制,加大融资力度,积极拓展金融机构、社会资本、企业资金及个人资本融资渠道,加大政府与资金供应方资金直接借贷、发行债券等直接融资力度。建立健全与国际金融机构、社会资本、企业资本等跨境融资、合作融资机制，积极加强引进社会资本的同时，构建政府、社会、企业充分参与的多元化融资平台。通过引入合格的战略投资者入股商业银行，增强商业银行融资能力，鼓励以股份制或合伙制方式实施投融资中介服务机构重组改造和强强联合，提升社会资本融资效率。这些措施极大地拓展了投融资渠道，提升了资产运作市场化水平，加强了政府资金与社会资本合作力度，为新型城镇化建设和产业集聚发展提供了资本集聚新途径、稳定可靠的资金来源和巨大的金融动力。

（四）社会管理体制改革创新提供社会支撑力

随着新型城镇化建设和产业集聚发展的深入推进，城市社会结构、经济结构等都发生深层次变化，对公共服务供给、流动人口管理、社会治安、基础设施建设等社会管理职能提出了更高要求。当前，我国社会管理体制的构建理念、管理主体、管理方式及管理载体等正在从管理到治理，从政府独立执行到政府、社会和公众广泛参与，从硬管理到软硬管理结合，从"社会人"到"社区人"等逐步完善。社会管理成效显著增强，营造出良好的社会环境，为新型城镇化建设和产业集聚发展提供了优质的社会环境因素支撑。

社会管理体制改革创新主要体现为：第一，在观念上从"管理"到"治理"，特别是强化社会自治功能。第二，完善城镇社会管理结构。强化政府社会管理和公共服务职能，改革和创新政府对社会管理组织监管模式；去除社会管理组织行政化，大力发展社会组织；强化社会组织社会治理功能和能力，积极探索社区治理功能范畴和实现途径；完善居民自治权利和义务，实现政府负责治理、社会自我调节、居民自治良性互动。第三，树立社会管理的法治思维和法治方式。通过加强依法治理、综合治理力度，从制定行政治理法律、社会组织治理法律和居民自治法律等方面健全社会治理法律法规体系，在强化社会治理法律法规的权威性和执行力度的同时，强化社会治理的道德规范、激励及约束；通过继承与发扬传统文化，构建社会主义核心价值观体系，以中华民族精神和改革创新精神促进道德理论学习，积极提升和发挥道德协调社会关系、市场关系，解决社会问题、市场问题和规范社会行为、市场行为的功能。第四，建立健全社区党组织领导的基层群众自治制度，通过强化社区及居民依法自治职能、功能和能力，培育和提升社区自治组织，推进社区在市场机制下依法治理，完善和创新社会管理主体体系。这些措施能够有效协调社会关系，妥善处理各种社会问题，化解各种社会矛盾，进而创造稳定的社会环境、有序的生活环境和良好的发展环境，为经济社会持续健康发展创造条件，为新型城镇建设和产业集聚发展提供管理动力。

（五）户籍制度改革创新提供人才动力

在新型城镇化建设和产业集聚发展吸引和承载集聚人口的同时，还需要户籍制度、社会保障和住房等相关政策促进和保障人口集聚，而户籍制度改革是这些保障政策之关键。当前，我国户籍制度改革进入新常态，为人口在区域之间、城乡之间流动，为农村转移人口、专业人才顺利进入城镇工作、生活提供了制度保障，也为新型城镇化建设和产业集聚发展集聚人口提供了政策支撑。

当前的户籍制度改革打破了传统模式，在户口迁移条件、人口登记标准等方面进行了创新突破。随着新型城镇化建设、产业集聚发展政策和农村土地流转的推进，城镇就业机会增加、人口流动性提高，人口服务管理新模式也不断创新，实施"以证管人、以房管人、以业管人"。特别是户口迁移政策在入户条件等方面进一步放宽，城镇公共服务覆盖面进一步提升，从以前的依据单一长期合法稳定工作为标准到居住证、住房和就业等范畴拓展。着重调整城镇落户政策，依据不同规模城镇对人口的综合承载能力，对不同规模的城镇放开落户条件或实行积分制有条件地放开落户条件，特别是充分解决能够适应城镇产业转型升级和市场竞争环境人员的落户问题。同时，加强和拓展城镇公共服务、教育、卫生医疗、社会保障等建设力度和覆盖范围，对于没有城镇户籍但拥有居住证，且在城镇连续工作一定年限的人员也能享受城镇公共服务、教育、卫生医疗和社会保障，以切实保障农业转移人口及其他常住人口的合法权益。这些措施能够有效消除户口城乡分割，消除农民进城的体制机制障碍，合理引导农业转移人口落户城镇的预期和选择，促进大中小城市和小城镇合理布局，引导人口合理分布，促进劳动力资源优化配置，有效解决城镇用工短缺问题，有利于经济发展战略的转型，为新型城镇化建设和产业集聚发展提供充分的人才动力。

二、选择机制

新型城镇化建设与产业集聚要获得良性互动发展，二者之间必须具有相互适应性、融合性和支撑性。也就是说，新型城镇化战略实施必须选择具有支撑作用的产业，产业集聚发展必须选择能够提供依托和服务的城镇。二者依据政策制度、经济水平、市场环境、资源、生产要素、结构优化等对新型城镇化和产业优势发挥促进作用。通过政策规划、市场需求、社会发展选择相互适应性高的依托和支撑主体，淘汰相互适应性低的主体，从而形成新型城镇化与产业集聚发展的选择机制。

新型城镇化与产业集聚发展的市场选择机制主要依据市场竞争的准则和规则，通过检验产业集群系统与城市系统中各主体间市场竞争活动的相互适应性、融合性，进而做出二者相互依存性选择，影响和决定城镇和产业的相互选择。通过市场机制的选择，适应城镇发展的产业将快速融进城镇市场，否则，将通过市场机制退出城镇市场。同时，能够为产业集聚发展提供依托与服务的城镇能够吸引相应产业快速积聚到城镇，否则，产业将会规避城镇。据2018年《河南统计年鉴》，2015~2017年，河南省三次产业贡献率如表5-1所示。

表5-1　　　　　　　　　2015~2017年河南省三次产业贡献率

年份	生产总值	第一产业	第二产业	第三产业
2015	100	5.8	54.8	39.4
2016	100	5.6	43.6	50.8
2017	100	5.8	44.6	49.6

资料来源：2018年《河南统计年鉴》。

新型城镇化与产业集聚发展的社会选择机制主要是通过产业集群系统与城市系统中各主体间的意识形态、道德规范、习俗和惯例等社会文化制度的相互适应性、融合性，做出二者相互依存性选择，影响和决定城镇和产业的相互选择。对于适应性、融合性高，特别是在特定的道德价值判断而形成的观念性力量高度适应、融合的城镇与产业将保持密切的交往和接触，进而影响城镇系统与产业集群系统的创新模式、管理理念和市场战略。否则，二者将做出分离选择。

新型城镇化与产业集聚发展的政治选择机制是由政府主导，依据各种正式或非正式的制度规范来影响和决定城镇与产业集聚相互选择。政治选择机制主要依据产业发展规划和城市发展规划，从区域发展定位出发，充分考虑区位优势、资源禀赋、市场等因素选择优势产业集聚发展作为新型城镇建设的重要支撑。同时，依据城镇对各类资源的集聚能力和效能，选择能够满足产业发展需求的城镇作为产业集聚发展的载体。例如，各类贸易区、航空港的设置和区域选择，都是市场选择机制、社会选择机制和政治选择机制共同作用的结果。

通过选择机制的作用，新型城镇化建设与产业集聚发展保持高度融合和适应性，人才队伍、土地使用、资金支持、税收财政、创新引导等方面政策联动性更强，城镇功能区能够形成对产业集聚发展的服务支撑能力，城镇集聚产业的关联度增强，专业化分工效用更加明显，产城互动效应进一步提升，二者之间形成了强大的相互支撑动力。

三、扩散机制

新型城镇化与产业集聚发展的扩散机制主要是指城市系统与产业集群系统的各活动主体之间形成外生性增长效应、正反馈效应和网络效应的主要动力。新型城镇化建设能够采取户籍改革、就业促进和社会保障等措施吸引人口、产业向城镇集聚，进而扩大城镇人口、产业的数量和规模，催生巨大消费需求，企业生产性、居民生活性消费也得以大规模提高，这些消费的增长都需要依托企业提供相关产品和服务，为产业集聚发展提供巨大消费空间。同时，新型城镇化的经济结构转型升级，能够促进农业转移人口市民化，教育、卫生医疗、劳动力培训等服务业得以迅速发展。统筹城乡发展将促进生态文明建设投资力度不断加强，提升城市供水、排水、交通、防灾、文化娱乐、体育、社区服务等基础性设施和公共服务性设施建设规模以及增加住房、商用房等房地产投资建设需求，为集聚产业各企业提供巨大的投资空间。新型城镇化将带来生产要素优化配置、生产方式与生活方式变革、生产性服务需求扩大，进而促进创新要素集聚、拓展创新空间、释放创新活力，开启集聚产业各企业的巨大创新实践和创新消费空间。

同时，新型城镇化建设通过区域协同发展、智慧城市、产业园区、高新开发区等扩大产业集聚配套设施建设规模，推动城镇实际和虚拟空间由内向外圈层式地扩张，提升了新型城镇化的质量和进程。产业集聚发展能够创造更多的就业机会，为新型城镇化的集聚人口，特别是农村转移人口提供更多就业岗位。产业集聚发展将创造更高的经济效益，为新型城镇化建设提供持续的资金支持，培育城镇自身造血功能，形成产业反哺城镇发展，提升新型城镇化的可持续发展。产业集聚发展，通过承接消费城镇服务业，与当地服务业相互支撑、相互促进。

四、资源配置机制

资源在一定时期内以人力、物力和财力形态集中存在于一定区域，主要包括自然资源和社会资源。自然资源是新型城镇化建设和产业集聚发展的物质基础，社会资源是新型城镇化建设和产业集聚发展的动力基础。资源的优化配置不仅能够提升资源利用效能，降低资源消耗，提高劳动效率，而且还能够打破资源垄断，降低政府干预，提升市场机制的决定性功能。特别是生产性资源优化配置，能够实现产需衔接，提升企业经营效益，促进产业结构优化调整和城镇发展方式转型升级，提升新型城镇化建设和产业集聚发展的市场机制适应能力，提升新型城镇化建设和产业集聚发展的质量和效益。

在新型城镇化建设和产业集聚发展过程中，资源优化配置主要是通过多项政策制度、法律法规以及市场机制发挥作用。加强法律制度环境建设，从土地管理、矿产资源管理、海洋管理和地质环境管理等方面规范新型城镇化建设和产业集聚发展，对自然资源进行合理高效利用。推动科技管理体制创新，构建决策权、执行权和监督权相分离的科技管理体制模式，公开、公平、公正地进行科技项目经费预算与分配的审批、管理和组织实施。从创新活动激励、创新融资、创新人才激励、创新成果转化应用等多方面培育有利于创新转化的生态环境，建立健全政府与社会联动的科技创新机制，以市场为导向，充分挖掘市场需求潜力，准确把握创新趋势。以科研院所、高等学校和企业为主体积极进行先进、高效的技术和管理创新，以提升社会发展和企业生产经营效率。实施产学研发挥自身优势、有效分工协作的创新互动机制，在创新活动和创新实践检验方面紧密合作，提升创新活动的效益，以优化新型城镇化建设和产业集聚发展对社会管理、科技创新、企业管理、生产技术、生产工艺等方面创新成果的转化应用。创新财政税收体制，特别是针对农村转移人口成本分担机制、土地资源收益分配机制、产业政策红利释放机制以及投融资政策机制创新，从主体实施结果和过程并重的财政税收优惠政策创新，进行资本资源优化配置，以促进城镇结构和产业结构优化，降低新型城镇化建设和产业集聚发展成本，提高城镇和产业集聚综合利用资源，循环利用资源效能。通过户籍制度改革，为人口集聚创造户籍条件，创新城镇工作、生活、创业和就业环境，通过创造就业岗位、宜居环境、创业及就业服务体系和相关政策机制等措施，吸引大量农村剩余劳动力资源，特别是能够适应新型城镇化市场竞争机制的人力资源向城镇集聚，优化人力资源在城镇不同功能区空间、产业和就业需求领域的配置。以市场机制对供给与需求充分调节，以政策机制合理规划促进人口在各类城镇和产业的合理集聚，主导产业与其他产业分工协作，城镇基础设施和公共服务设施共建，自然资源和社会资源共同开发利用，生态文明及生态环境共同建设和保护，加快城市结构优化。以市场为导向，充分考虑城市需求制约，规范进入门槛，培育配套服务，调整城市产业的供给，进而优化城镇产业结构，进行资本、管理、信息等资源优化配置。

第六章

中国新型城镇化与产业集聚
联动发展现状

当前，我国实施的新型城镇化建设是相对传统城镇化建设而言，是在治理理念更新的基础上，提出以人为核心解决国民工作、生活问题；以城乡统筹、城乡一体发展提升全民发展环境；以节约集约、产城互动有效提高发展效率；以生态宜居、和谐发展改善和提升发展效益为基本特征的城镇化。产业集聚是通过某一产业资本要素在某一特定的地理区域空间范围内高度集中，以实现产业内外部经济发展的一个过程。城镇化与产业集聚是区域经济发展的两个增长极，新型城镇化建设为产业集聚提供空间支持和依托基础，产业集聚发展通过提升产业自身联动效应，提升全民就业效率，夯实社会发展物质基础，进而成为新型城镇化建设的重要支撑。在当前的新型城镇化建设进程中，产业集聚支撑新型城镇化的效用也得到各级政府、专家学者等的高度重视和重点研究。

第一节　新型城镇化与产业集聚联动发展的特点

与传统的产业集聚过程比较而言，在新型城镇化建设推进过程中的产业集聚出现了一些新的特点。新型城镇化下，产业集聚不仅仅追求产业内协同发展，而且充分发挥城镇功能，突出产业与城镇、产业与产业相辅相成、相互促进的发展模式，产业集聚带动新型城镇化发展，成为新型城镇化建设的重要抓手之一。

一、突出加强产城互动效应

新型城镇化下，产业集聚的发展不再单纯强调产业自身良性发展，而是突出加强了产城相互联动效应。新型城镇化建设，通过制定和实施土地流转、农民市民化等相关政策促进农民向城镇集聚，各类经济劳动要素在市场作用下也会不断地向城镇集聚。随着新型城镇化建设推进，丰富的自然资源、经济劳动要素、人口也逐渐实现在城镇的集聚，为产业集聚提供了土地、人力资源和劳动要素资源保障。而产业在城镇区域的集聚通过提供就业岗位和劳动要素的配置空间，提升了城镇吸纳、承载人口和劳动要素的能力。新型城镇化通过城乡统筹、节约集约地提供共享的交通运输建设、产业园区筹划、信息系统架构、物流网络、生活服务、中介服务、社会关系服务等基础设施服务，促成产业集聚区内企业获得低成本优势，提升了产业发展能力。而产业集聚通过共享城镇基础设施，资源的集约化管理运用，品牌产业的形成等，实现了城镇投资的规模经济，降低了城镇化成本，提升了城镇的竞争力。新型城镇化以具有区域和区位等发展优势的中心城市或县城为依托，以支撑效应突出、区位优势明显的产业为支撑，在城镇区域合理分工、产业互促共进的基础上，形成产城相互支撑体系。

二、切实践行新型城镇化的核心理念

以人为本是新型城镇化的核心理念，就是城乡统筹，建设社会和谐、经济发展、生态宜居的城镇，以提高国民的生活质量和生活水平。在此理念的指导下的产业集聚着重从支撑城镇发展需要，提高经济发展质量和速度出发，从生态宜居和解决城镇就业着眼，注重所依托城镇的生态文明建设要求，从以人为本、生态环保、节地节能等方面提高效率，消除和避免资源浪费、环境污染等现象。在城镇规划和产业集聚发展规划中，积极调整经济结构和产业结构，实现集约发展模式，以提高居民收入、解决城镇就业。充分考虑所依托城镇的资源环境承载能力，科学开发土地，合理和严格地确定产业集聚区规模，提高产业准入标准。在城镇建设和产业集聚区选址过程中，避免选择重要生态保护区、居民生活用水用土和生态敏感区；在城镇产业集聚区开发建设过程中，注意发展和使用低碳经济和绿色建筑模式；在产业集聚区生产活动中，加强污染和破坏环境的污水、废气和废渣的处理和再利用。

三、依托城镇打造产业集聚成本优势

在新型城镇化建设过程中，产业集聚通过产业的专业化分工协作、共享和集约利用公共资源，增强产业集聚协同效应，通过新型城镇化所提供的基础设施、公共交通、信息系统、物流网络等能够充分实现规模效应，提高城镇人力、物力和财力的使用效率，进而降低信息成本、运输成本、能源成本等形成产业集聚低成本优势，提高产业发展的经济附加值。同时，通过产业集聚的集约化发展，促进城镇资源高效利用和生态环境保护，促进人与自然的和谐发展，进而推动新型城镇化建设取得低成本优势，获得可持续发展力。

四、注重发挥城镇区位优势

新型城镇化下的产业集聚发展最明显的转变就是更加注重明确城镇区位优势定位，注重发挥所依托城镇区位优势，进而选择和发展能够充分发挥城镇区位优势的产业。例如，对于自然资源型城镇，从自然资源的禀赋出发，以产业延伸、产业更新和产业复合为发展模式，积极发展资源深度加工、利用和再利用的产业集聚，以及利用资源开发和销售所积累的资金、人才、技术等建立和发展一些新兴产业。对于以农业为基础的城镇，从市场化、区域化、专业化、规模化、一体化和集约化出发，选择农业产业链中从事生产、加工、销售等环节的企业进行产业集聚，以吸收和利用先进管理、生产技术等提高农业产业的精细化发展，以农促工，以工促镇。对于人才密集型城镇，着重实现科技产业集聚发展，以提高科技应用和服务人类经济发展。对于资金密集型的城镇加强金融产业集聚，为提高资金的市场流动性，支持企业实体奠定基础。对于具有交通区位优势的城镇提高物流产业集聚，以提高物流、商流效率。

五、加强产城联合研发力度

新型城镇化下的产业集聚发展，就是要求集约化、科技化发展。各城镇不论是对产业技术研发还是产业新产品开发，甚至企业销售渠道开发，特别是社会公共资源的研发，不是由企业独自承担研发成本，而是激发和组织社会力量，加强城镇研发投入力度，激励产业集聚区内企业共同研发，加强政府、企业、科研机构等的合作力度，实现官、产、学、研一体研发、一体投入。同时，在研发重点和投入资金预算方面，不仅着眼于当前需求，而且谋划于未来需求，向企业发展紧密相关的基础研究、关键技术、产业的共性技术等方面倾斜，实施研发投入预算进度公开化管理，从投资项目、使用效率等多方面接受社会大众监督，强化研发投入的预算约束刚性的同时，结合现实需求适时、适度进行预算调整，提高研发资金的使用效益。

第二节　新型城镇化与产业集聚联动发展存在的问题及原因

新型城镇化下提高产业集聚加强了集聚区内企业之间的知识联系、技术联系，加强了集聚区内企业协调和协作能力，降低了企业的经营成本。但是，新型城镇化下产业集聚的效用还存在一定的障碍和不足，特别是对建设新型城镇化支撑力度还有待加强。

一、产城融合发展的效力不足

产城融合发展就是要以城镇承载产业空间和发展产业经济，以产业保障和驱动城镇更新和完善配套服务，以实现产城共同发展。新型城镇化建设的宗旨之一就是形成产城互动、产城融合发展。但是，城镇化建设所提供的人口集聚、政府规划指导、检查监督，特别是公共信息系统架构、商业物流网络等相关服务行为效率严重不足，影响城镇发展规模和质量，限制了产业集聚规模，降低了城镇化对劳动要素和人口集聚的吸引力，降低了城镇对产业的金融服务功能，削弱了城镇支持和服务产业集聚的效用。同时，产业集聚由于缺乏城乡联动运营体系，忽略了产业集聚发展的循序渐进规律，在城市建设规划和产业发展规划之间还缺乏统筹性和普适性，出现城镇产业支撑效应不足。在城镇区域功能布局和产业分工布局方面衔接不够合理，存在自然条件、社会条件等不匹配。在新型城镇体系和现代工业经济体系方面还缺乏均衡性，就地消化农民转移不足，致使产业产能不能合理配置，经济效益低下，出现城镇主导产业竞争力不强，不能发挥产业集聚支撑新型城镇化发展应有的效力。甚至有些城镇不能形成主导产业，各产业缺乏合理分工，形成同业竞争，产生内耗，不能发挥产业集聚效应，更无从获得产业对城镇的支撑，进而导致产城融合发展效力不足。

二、城镇的产业集聚缺乏科学规划

由于产业集聚已被作为新型城镇化建设的重要支撑之一，在当前城镇化建设力度逐步加强的境况下，不同省份、不同地区的城镇缺乏系统性、前瞻性和科学性规划。出现为了提高城市化水平，邯郸学步，不加选择和分类，单纯追逐"开发区"建设，抛弃城镇自身优势产业，不考虑企业关联度而盲目上马产业集聚区项目，甚至出现无品牌、缺乏技术、没有自主创新能力的企业简单集中，导致集聚区内企业集而不聚，重复建设程度较高，资源浪费严重，效率低下，抑制了产业集聚的发展，降低了产业与城镇化的契合度。

三、产业集聚缺乏城镇人口支持

新型城镇化必将带来生产要素、人口等在城镇空间内高度集聚，而产业集聚发展必将大量吸纳和利用生产要素，为社会创造物质基础，同时，通过提供就业岗位解决城镇集聚人口就业，保障城镇居民的生存与发展，进而形成新型城镇化的前提和基础。而当前城镇化建设恰恰缺乏与生产要素和人口集聚相关的促进政策，例如农民市民化户籍政策、失地农民就业促进、统一社会保障、子女入学教育、劳动用工、卫生医疗等政策措施的贫乏，导致生产要素和人口向城镇集聚意愿不足，降低了生产要素和人口的集聚程度，致使产业发展缺少生产要素和人才队伍支撑，特别是高端人才支持，导致产业集聚发展的"资源荒"和"用工荒"，致使产业集聚吸纳新型城镇化人口集聚的功能远远没有发挥出来，导致新型城镇化建设缺乏集约和智能性。

四、城镇对产业集聚的金融服务机制有待完善

在金融服务方面，城镇主要功能之一就是为产业集聚提供资金支持。但

是，由于存在一定程度城乡一体化的规划不足，城镇的金融机构主要以国有银行、大型银行为主，缺乏民资银行、小银行，而城镇的金融服务大多针对大企业、大项目，而小微企业融资、居民的个人服务贫乏。同时，过多依赖国有商业银行贷款，阻碍和破坏了民营资本的投资意愿和途径，限制了产业集聚发展资金来源，造成某些企业融资困难。甚至还存在政府扶持产业集聚发展的专项资金沉淀闲置、挪用、占用现象，极大地限制产业集聚发展的资金来源渠道。

五、城镇服务业集聚发展水平低

城镇大力发展服务业具有较强的吸纳和承载人口就业能力虽已得到共识，但各城镇的服务业集聚发展严重滞后。突出表现为发展层次偏低、规模小、企业数量多，缺乏服务业集群发展；服务业投资增长缓慢，发展资金匮乏；行业结构不合理，传统服务业占比高，新兴的计算机服务、信息传输、科技服务和软件业等现代服务业占比低；人才队伍不足，特别是缺乏规划设计、营销策略等专业人才；服务业公共服务平台贫乏，资源缺乏共享；技术研发投入不足，生产经营技术低，效益低下，公共服务作用严重不足。

第三节　解决新型城镇化与产业集聚联动发展问题的实践

基于新型城镇化下我国产业集聚存在的问题以及制约和阻碍新型城镇化与产业集聚良性互动的因素，各城镇要根据本地资源和区位优势，依据本地经济、产业发展实际，以市场需求为契机，政府引导为抓手，采取切实有效措施解决新型城镇化下产业集聚发展问题，形成科学、有机的产城良性互动机制。

一、注重提高土地使用效率

传统的城镇化和产业集聚发展过程中，简单地通过平均扩张土地，盲目追求宽马路、大广场、大办公楼、大工业园区等粗放式地扩张城镇规模和产业集聚规模，造成大量的空房、空园区而导致土地闲置，土地使用效率低下，降低了城镇和产业对人口的吸纳功能。而在新型城镇化下的产业集聚过程中，应从土地的供需关系出发，依据城镇和产业集聚发展需要着手，注重提高土地的使用效率。具体可以通过城镇发展规划和产业集聚规划的充分协调衔接，围绕城镇功能提升和产业结构调整，着重土地的统筹规划；在保障城镇用地、产业集聚用地需求的基础上，在开发、建设和交易方面，从土地征收、土地产出效果、有偿使用等方面坚持存量用地和新增建设、开发用地区别管理；通过取缔和限制不符合国家政策的城镇用地、禁止类和淘汰类产业用地，取缔不符合环保要求和安全生产的用地、再开发效率低下的用地、闲置土地，提高单位土地产出效率；以用途管制挖掘现有土地潜力，优化土地利用结构，提升城镇土地人口密度，提高产业用地容积率。

二、提高产业集聚与城镇功能区的融合度

新型城镇化建设进程中，随着城镇空间规模和人口规模的不断扩展，城镇内也出现了承担不同主导功能区域，产业集聚发展必须契合城镇的功能区。城镇化程度的提高、产业集聚的发展，都将伴随着生产要素和人口在城镇的集聚，诸如人流、信息流、资金流、物流、技术流等，各城镇为产业集聚提供的政策不仅要从财政、金融、土地、技术等方面提供政策保障，而且还要结合其他政府机构从人才、薪资待遇、经营环境、农民市民化等角度提供政策支持，以提高生产要素和人口集聚的吸引力，为城镇化构建坚实基础。同时，对于经济发展程度较高的城镇，在中心城区应重点选择和发展金融、文化、咨询、物流等服务业为主导产业组建和发展产业集聚区；对于主城周边的区域应以发展和培育先进制造业为主导的产业集聚区；而对于经济较欠发达的城镇，从有利于引进和接受先进的管理、技术、设备、资金等支撑产业发展因素出发，注意选择和发展那些能够承接产业技术、产业资金转移的产业为主导产业发展产业集聚区，以配合和提升城镇规划效率。

三、加强城镇集聚产业的关联和分工效用

针对脱离城镇优势产业和产业集聚的关联度低的状况，各城镇的产业集聚政策应加强和提升产业指向性、关联性和分工指导。在建设产业集聚区项目选址方面，应从劳动力密集、原材料集中度高、市场集中以及交通枢纽等区位优

势作为重要指向标准，依据城镇区域内优势产业形成产业集聚区。在选择产业集聚区内进驻企业方面，从上下游企业的产出关联的纵向经济联系，或者围绕主导产业与部门形成的横向经济联系产业作为集聚主体，以加强产业集聚区内企业之间的经济联系，专业分工，从而降低企业交易成本和信息获取成本，提高集聚区内企业协作效率和生产率，进而提高产业甚至城镇的竞争力。

四、强化城镇对产业创新的政策扶持

以产业结构调整升级，着力提高产业对经济社会发展贡献率为基准，通过完善和改革产业创新体制，制定产业创新战略规划，以创新示范园区为抓手，各城镇应从土地使用、资金支持、税收财政、人才队伍、创新引导等方面加强政策支持。对技术创新、资金积累、企业协作等方面实行土地优先划拨、建立重点扶持资金、税收减免、税率调整、财政扶持、人才引进等措施。在产业创新途径方面采取多形式、多方面并举，不仅着重产业生产技术创新，还要包括产业经营模式、产业重组形态等方面创新。以技术创新提高产业产品的经济附加值；以产业优势互补、资源共享、共同受益、共担风险提升产业联动效应；以实施跨区域、跨所有制的产业转移、产业融合创新产业重组模式；以知识产权转让、经营许可等措施创新产业合作模式；以国民结合形式，促进和加强民间资本投资力度，拓展产业投融资渠道，创新产业投融资途径。

五、提升城镇人口集聚功能以保障产业集聚所需劳动力

随着新型城镇化建设和产业集聚发展，伴随着失地农民的规模和数量的急剧增加，他们也需要在人口集聚过程中融入城镇，参与和从事发展集聚产业的活动。这就要求政府出台相应的政策，通过城镇化发展扩大就业区位，产业集聚发展积极创造就业岗位；制定促进农民创业政策，积极鼓励有能力、有技术的农民自主创业；构建和完善城乡一体的劳动力就业市场体系，加强农民择业指导、就业培训、职业介绍等方面的就业服务；打破区域分割障碍，建立农民户籍管理体系、社会保障体系、区域流动体系、基础设施及社会服务体系等以解决进城农民的户籍、住房、就业、养老、医疗、教育等社会身份和社会保障问题，使他们充分融入城市，真正转化为市民，为产业集聚提供人口集聚支持。

六、盘活城镇财政存量资金以支持产业集聚发展

为了提高金融对产业集聚的支持力度，不仅要依靠国有商业银行等金融机构的参与，提高城乡民间资本参与程度和途径，同时必须提高和盘活政府财政存量资金，降低新型城镇化和产业集聚建设中政府债务风险。在产业集聚区建设中，充分盘活政府财政存量资金，归位占用、挪用政府资金，将沉淀闲置的财政资金用活用好；加大力度审计预算执行不到位的资金、加强现金运用管理、做好资金预算和执行监督；在拓宽财政存量资金的投资领域和范围的基础上，着重社会发展需求、围绕产业转型升级、落实民生改善等方面，创新和鼓励财政存量资金服务实体经济；加强债务风险管理等以保障和激励财政存量资金投身于经济发展过程，为促进新型城镇化和产业集聚建设提供有力的支撑。

当前，新型城镇化下产业集聚发展普遍存在执行力度不够，政府组织行为、商业服务、融资政策、税收政策等优势不明显，商业服务行为还存在一定程度的不到位，信息系统架构、物流网络、销售渠道不完善，以致招商引资能力不足，基础设施建设与城镇化规模不够匹配，人才吸引力度不足，缺乏就地解决因城镇化而进城的农民就业规划和政策等问题。各级政府必须在产业规划、品牌规划与推广、研发投入、交通运输建设、园区筹划等产业集聚政策方面克服现有集群盲目规划现象，努力实现以产业集聚区为载体，构建相互促进的新型城镇化体系和新型现代产业体系。

第四节　新型城镇化与产业集聚政策联动效用分析

2013 年以来，中央政府全面推进新型城镇化建设，并明确要求新型城镇化建设必须注重产业支撑，注重提高产城融合发展。至此，东部地区优化提升城镇化与产业集聚发展能力，中西部地区积极培育城镇群和产业集聚群，东北地区优化城镇化和产业集聚形态格局等方式积极推进新型城镇化与产业集聚政策联动。但是，中国新型城镇化与产业集聚政策联动效用并没有与城镇化和产业集聚水平同步提升。基于此，本部分对当前新型城镇化和产业集聚政策联动

效用进行综合评价研究，以探寻提升新型城镇化和产业集聚政策联动效应的具体措施。

一、新型城镇化与产业集聚政策联动效用的内涵

新型城镇化与产业集聚政策联动效用是反映产城协同发展优劣程度的一个综合概念，包括经济社会发展、人们生活以及人与自然协调发展等领域质量的集合体。从本质上讲，城镇与产业自身发展及二者的联动发展都是以人为本，只有人的发展达到了一定高度，才能说明新型城镇化与产业集聚政策联动实现了积极效用。从这个方面来讲，新型城镇化与产业集聚政策联动效用是经济社会发展能够满足城乡居民生产、生活和生态需求的优劣程度，其不仅包括城镇化和产业集聚自身发展效率，而且包括二者的协同效应和城乡协调发展程度。其中，新型城镇化与产业集聚政策协同是核心内容，城镇化和产业集聚自身发展效率是基础与前提，城乡协调发展是重要目标和保障。新型城镇化与产业集聚政策协同效应主要表现为经济社会发展效率和质量提升；新型城镇化和产业集聚自身发展效率往往表现为城镇承载力和环境保护提升以及能源消耗改善等方面；城乡协调发展程度主要表现为城乡居民生活水平和质量及城乡差距的高低。因此，新型城镇化与产业集聚政策联动效用既是过程与结果的统一，又是公平与效率的高度统一。

因而，综合评价研究新型城镇化与产业集聚政策联动效用，既要考虑人们生活水平和质量、城乡协调发展等诸多方面的改善，同时又要考虑在推进新型城镇化与产业集聚政策联动进程中所付出的能源消耗和环境破坏的降低。

二、新型城镇化与产业集聚政策联动效应评价指标体系与方法

由于国内经济发展的梯度差异，东部、中部、西部的城镇化发展与产业集聚政策的联动可能会体现出不同的效用。本部分在综合评价新型城镇化与产业集聚政策联动效应中，遵循代表性、系统性和可操作性原则，参照《中国统计年鉴》对全国 31 个省、自治区及直辖市（不包括香港、澳门和台湾）行政区划的东部地区、中部地区、西部地区和东北地区的区域划分进行考察分析。同时，基于上述对新型城镇化与产业集聚政策联动效应内涵的解析，本部分在

综合评价新型城镇化与产业集聚政策联动效用中，围绕促进人的发展这一本质任务，从经济社会效率、城乡协调发展及生态文明建设三个方面构建新型城镇化与产业集聚政策联动效应评价指标体系，如表 6 - 1 所示，并将指标分为正向和逆向两种类型，正向指标和逆向指标是在新型城镇化与产业集聚政策联动过程中应该分别实现增长和下降态势。

表 6 - 1　　　分地区新型城镇化与产业集聚政策联动效应评价指标体系

一级指标	二级指标	指标类型
经济社会发展效率	总人口占全国比重	正向
	生产总值占全国比重	正向
	第一产业占全国比重	正向
	第二产业占全国比重	正向
	第三产业占全国比重	正向
	单位 GDP 电力消费量	逆向
	城镇失业人员数量	逆向
城乡协调发展效率	城镇居民可支配收入	正向
	农村居民可支配收入	正向
	城乡居民基本养老保险参保人数地区	正向
	城乡居民失业保险参保人数	正向
	城镇基本医疗保险参保人数	正向
生态文明发展效率	废水排放总量	逆向
	二氧化硫排放总量	逆向
	氮氧化物排放总量	逆向
	烟（粉）尘排放总量	逆向

本部分评价研究原始数据为 2015 年和 2016 年相关数据，数据来源为相应年份的《中国统计年鉴》以及万得资讯数据库。原始数据运用 GDP 平减指数消除价格变动的影响因素，同时利用 SPSS 工具对不同数据进行标准化处理以解决变量间的量纲关系。经过处理后的原始数据，再运用 SPSS 工具计算相关变量2015 年的同比变化率及其均值和标准差，分别如表 6 - 2、表 6 - 3 和表 6 - 4 所示，从而对新型城镇化与产业集聚政策联动效用进行综合评价。

表 6 - 2　　2015 年分地区新型城镇化与产业集聚政策联动效用评价指标同比变化率

单位：%

指标	东部地区	中部地区	西部地区	东北地区
总人口占全国比重	0.00	0.00	0.37	- 1.23
生产总值占全国比重	0.78	0.00	- 0.50	- 3.61
第一产业占全国比重	0.00	- 0.76	1.06	- 0.91

续表

指标	东部地区	中部地区	西部地区	东北地区
第二产业占全国比重	2.02	−0.47	−0.98	−9.41
第三产业占全国比重	−0.54	2.23	0.00	−1.28
单位 GDP 电力消费量	−2.60	−4.25	−2.86	−2.05
城镇失业人员数量	3.81	−1.00	0.94	6.15
城镇居民可支配收入	8.22	8.40	8.54	7.12
农村居民可支配收入	8.76	9.07	9.62	6.37
城乡居民基本养老保险参保人数	1.93	0.45	1.90	0.73
城乡居民失业保险参保人数	3.05	2.22	1.83	−8.04
城镇基本医疗保险参保人数	15.12	3.11	4.55	0.32
废水排放总量	−6.81	−4.27	−3.53	−2.83
二氧化硫排放总量	2.10	3.04	2.33	0.70
氮氧化物排放总量	−10.24	−10.84	−9.58	−9.53
烟（粉）尘排放总量	−14.85	−6.68	−9.22	−11.82

数据来源：2015 年、2016 年《中国统计年鉴》。

表 6-3   正向指标变化率统计特征

地区	均值	标准差	最大值	最小值
东部地区	3.934	4.8597	15.12	−0.54
中部地区	2.425	3.3851	9.07	−0.76
西部地区	2.639	3.5492	9.62	−0.98
东北地区	−1.307	5.5241	7.12	−11.17

表 6-4   逆向指标变化率统计特征

地区	均值	标准差	最大值	最小值
东部地区	−4.765	6.598	3.81	−14.85
中部地区	−4.000	4.333	3.04	−10.84
西部地区	−3.653	4.540	2.33	−9.58
东北地区	−3.230	6.034	6.15	−11.82

三、新型城镇化与产业集聚政策联动效用评价

（一）新型城镇化与产业集聚政策联动效用的基本情况

从表 6-2、表 6-3 和表 6-4 数据可以发现，我国新型城镇化与产业集聚

政策联动效用总体上呈现明显的地区特征和区域特征。从表 6 - 2、表 6 - 3 和表 6 - 4 数据可以发现，分地区新型城镇化与产业集聚政策联动效用正向评价指标度量均值东部地区、中部地区、西部地区和东北地区分别为 3.934、2.425、2.639 和 - 1.307，逆向评价指标度量均值东部地区、中部地区、西部地区和东北地区分别为 - 4.765、- 4、- 3.653 和 - 3.23。这些数据说明我国新型城镇化与产业集聚政策联动效用总体呈现地区特征，不同地区之间存在一定程度的差异，东部地区、中部地区、西部地区具有较高的积极效用，且东部地区明显高于其他地区，东北地区效用较低。

同时，分地区新型城镇化与产业集聚政策联动效用正向评价指标度量标准差东部地区、中部地区、西部地区和东北地区分别为 4.8597、3.3851、3.5492 和 5.5241，逆向评价指标度量标准差东部地区、中部地区、西部地区和东北地区分别为 6.598、4.333、4.540 和 6.034。这些数据说明相关评价指标同比变化率离散程度较高，我国新型城镇化与产业集聚政策联动效用在同一地区之间也存在较大程度的差异，体现出明显的区域特征。

（二）东部地区新型城镇化与产业集聚政策联动效用

从表 6 - 2、表 6 - 3 和表 6 - 4 可以看出，东部地区新型城镇化与产业集聚政策联动对促进经济社会发展效率、城乡协调发展效率和生态文明发展效率等方面均具有较高的积极效用。其中，从表 6 - 2 可以看出，东部地区生产总值占全国比重、第二产业占全国比重、居民可支配收入、基本养老保险参保人数、失业保险参保人数及城镇基本医疗保险参保人数均有所提高，单位 GDP 电力消费量、废水排放总量、氮氧化物排放总量和烟（粉）尘排放总量均有大幅下降；特别是城镇基本医疗保险参保人数增长率、废水排放总量和烟（粉）尘排放总量下降率远远高于其他地区。这说明东部地区在促进经济快速发展的同时，生态文明发展速度更快，新型城镇化与产业集聚政策联动在一定程度上推动了东部地区又好又快发展。同时，城镇居民可支配收入和农村居民可支配收入增长率分别为 8.22% 和 8.76%，说明东部地区城乡发展统筹协调程度较高。

虽然东部地区新型城镇化与产业集聚政策联动效用相对高于其他地区，但是，东部地区在总人口占全国比重及第一产业占全国比重增长方面微乎其微，说明东部地区新型城镇化与产业集聚政策联动对人口吸引力和促进农业方面没有获得进一步发展。同时，东部地区第二产业占全国比重增长 2.02%，第三产业占全国比重下降 0.54%，城镇失业人员数量增长 3.81%，说明东部地区新型城镇化与产业集聚政策联动对经济结构调整和产业结构优化、创造就业的效用还有待提升。

另外，从表 6-3 数据可以得出度量的正向指标标准差为 4.8597，逆向指标标准差为 6.598，在四个地区中分别位列第二和第一，反映出东部地区新型城镇化与产业集聚政策联动效用还存在较大程度的区域差异。特别是在 GDP 同比增长情况差异较大，如图 6-1 所示，东部地区 GDP 同比增长居于首位和末尾的分别为天津和河北，分别为 9.3% 和 6.8%，相差 2.5%；总人口同比增长情况差异较大，甚至上海还呈现下降，如图 6-2 所示，东部地区总人口同比增长居于首位和末尾的分别为天津和上海，分别为 1.99% 和 -0.43%，相差 2.42%。这些数据说明东部地区新型城镇化与产业集聚政策联动在促进经济增长和提升人口吸引力等方面的效用差异较大。同时，在度量的正向指标中最大值和最小值相差 15.66%，逆向指标中最大值和最小值相差 18.66%，反映出东部地区新型城镇化与产业集聚政策联动对度量的不同因素促进效用也存在明显的差距。

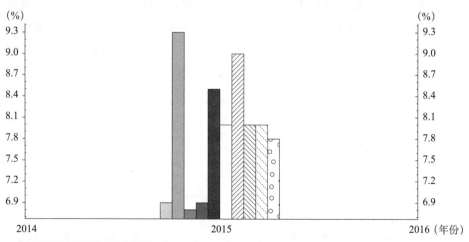

图 6-1　2015 年东部地区各省（市）GDP 同比增长率

资料来源：2015 年、2016 年《中国统计年鉴》。

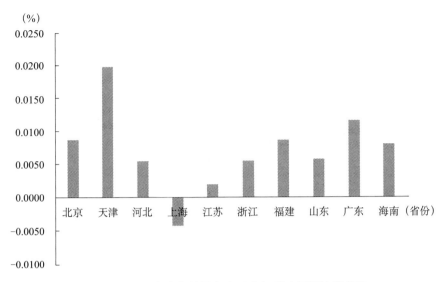

图 6-2　2015 年东部地区各省（市）总人口同比增长率

资料来源：2015 年、2016 年《中国统计年鉴》。

（三）中部地区新型城镇化与产业集聚政策联动效用

从表 6-2、表 6-3 和表 6-4 可以看出，中部地区新型城镇化与产业集聚政策联动对促进经济社会发展效率、城乡协调发展效率和生态文明发展效率等方面均具有较高的积极效用。其中，从表 6-2 可以看出，中部地区第一产业、第二产业占全国比重分别下降 0.76% 和 0.47%，第三产业占全国比重上升 2.23%，说明中部地区新型城镇化与产业集聚政策联动对促进地区经济结构调整和产业结构优化方面具有较高的积极效用，与国家经济社会发展提质增效的战略目标相吻合。单位 GDP 电力消费量下降 4.25%，在四个地区中居首位，远远高于其他三个地区，说明中部地区新型城镇化与产业集聚政策联动对降低能耗具有较高的积极效用，与国家经济社会发展降低能耗的战略目标相吻合。城镇失业人员数量下降 1%，而其他三个地区均出现不同程度的增长，说明中部地区新型城镇化与产业集聚政策联动在一定程度上能够促进人员就业，这也与中部地区第三产业占全国比重上升 2.23%，积极发挥第三产业高度的就业容纳力息息相关。同时，中部地区城镇居民可支配收入和农村居民可支配收入同比增长分别为 8.40% 和 9.07%，在四个地区中均居第二，说明中部地区新型城镇化与产业集聚政策联动对改善城乡居民收入具有较高的效用。

但是，中部地区在总人口占全国比重及生产总值占全国比重增长方面微乎其微，说明中部地区新型城镇化与产业集聚政策联动对人口吸引力和促进经济发展方面没有获得进一步发展。同时，中部地区二氧化硫排放总量同比增长 3.04%，废水排放总量同比下降 4.27%，分别居四个地区的第一和第三，说明中部地区新型城镇化与产业集聚政策联动对促进生态文明发展效率还存在较大的提升空间。同时，中部地区城乡居民基本养老保险参保人数和城镇基本医疗保险参保人数同比增长分别为 0.45% 和 3.11%，在四个地区中分别居第四和第三，说明中部地区新型城镇化与产业集聚政策联动对城乡居民社会保障改善还存在一定的不足，落后于其他三个地区。

另外，从表 6-3 数据可以得出度量的正向指标标准差为 3.3851，逆向指标标准差为 4.333，在四个地区中均居第四，反映出中部地区新型城镇化与产业集聚政策联动效用还存在一定程度的区域差异，相对于其他三个地区差异性较低。特别是第一产业同比增长情况差异较大，如图 6-3 所示，中部地区第一产业同比增长率位居第一和末位的分别为湖北和陕西，分别为 4.55% 和 1%，相差 3.55%；城镇失业人数同比增长情况差异巨大，如图 6-4 所示，其中，山西、湖北和湖南呈现负增长，安徽、江西和河南呈现正增长，居首位的湖北下降 11.87%，末位的河南上升 6.25%，二者相差 18.12%。

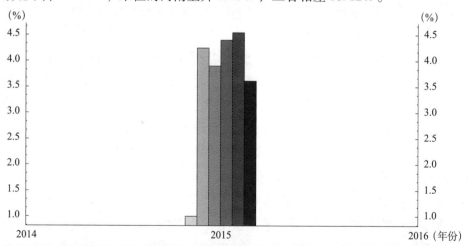

图 6-3　2015 年中部地区各省第一产业同比增长情况

资料来源：2015 年、2016 年《中国统计年鉴》。

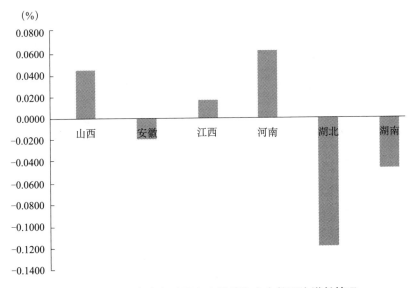

图6-4　2015年中部地区各省城镇失业人数同比增长情况

资料来源：2015年、2016年《中国统计年鉴》。

（四）西部地区新型城镇化与产业集聚政策联动效用

西部地区新型城镇化与产业集聚政策联动具有较高的积极效用。其中，从表6-2可以看出，西部地区总人口占全国比重同比增长0.37%，位居四个地区第一，说明西部地区新型城镇化与产业集聚政策联动对提高人口吸引力具有较高的效应。城镇居民和农村居民可支配收入同比增长分别为8.54%和9.62%，均居四个地区首位；城镇失业人数同比增长0.94%，位居四个地区第三；城乡居民基本养老保险参保人数和城镇基本医疗保险参保人数同比增长分别为1.90%和4.55%，均居四个地区第二。这些数据说明西部地区新型城镇化与产业集聚政策联动对提高城乡居民收入和社会保障效用明显高于其他三个地区，与国家经济社会发展以人为本的本质具有较高程度的吻合。

西部地区城镇居民可支配收入和农村居民可支配收入同比增长差距为1.08%，位居四个地区首位，说明西部地区新型城镇化与产业集聚政策联动对城乡统筹协调发展效用偏低，还有待挖掘和提升。地区生产总值占全国比重下降0.5%，第一产业占全国比重同比增长1.06%，第二产业占全国比重同比下降0.98%，而第三产业占全国比重同比增长微乎其微，说明西部地区新型城镇化与产业集聚政策联动对促进经济增长、经济结构调整和产业结构优化方面效用还存在较大程度的欠缺，亟须提高。

另外，从表6-3数据可以得出度量的正向指标标准差为3.5492，逆向指标标准差为4.540，在四个地区中均居第三，反映出西部地区新型城镇化与产业集聚政策联动效用还存在一定程度的区域差异，相对于中部地区差异化较高，相对于其他两个地区差异性较低。特别是在废水排放总量同比变化差异较大，在12个省（市）中西藏出现同比增长7.94%，其他省（市）均出现不同程度的下降，如图6-5所示，其中，四川位居西部地区废水排放总量同比下降的第一，下降比率为9.89%，与西藏相差17.83%。城乡居民基本养老保险参保人数同比变化较大，在12个省（市）中，重庆、甘肃和内蒙古均出现同比下降，下降幅度分别为0.13%、0.27%和3.65%，其他省（市）均出现不同程度的上升，如图6-6所示，其中，西藏位居西部地区城乡居民基本养老保险参保人数同比增长第一，上升比率为11.92%，与内蒙古相差15.57%。

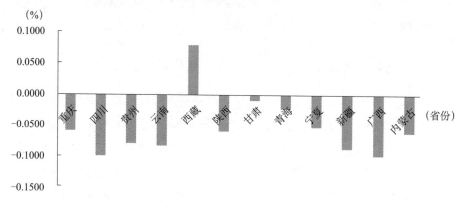

图6-5 2015年西部地区各省（市）废水排放总量同比变化情况

资料来源：2015年、2016年《中国统计年鉴》。

（五）东北地区新型城镇化与产业集聚政策联动效用

从表6-2、表6-3和表6-4可以看出，与其他三个地区相比较而言，东北地区新型城镇化与产业集聚政策联动对促进经济社会发展效率、城乡协调发展效率和生态文明发展效率等方面具有一定的积极效应。其中，东北地区单位GDP电力消费量、废水排放总量、氮氧化物排放总量以及烟（粉）尘排放总量均出现不同程度的下降。同时，在四个地区均出现二氧化硫排放总量同比增长的情况下，东北地区二氧化硫排放总量同比增长0.70%，增长幅度最低，

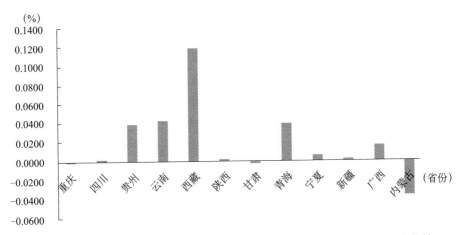

图6-6　2015年西部地区各省（市）城乡居民基本养老保险参保人数同比变化情况

资料来源：2015年、2016年《中国统计年鉴》。

与位居第一的中部地区相差2.34%，说明东北地区新型城镇化与产业集聚政策联动对促进生态文明发展效率方面具有一定的积极效应。尽管东北地区三次产业占全国比重同比均出现不同程度的下降，但第二产业下降幅度远远高于第三产业下降幅度，二者相差8.13%，说明东北地区新型城镇化与产业集聚政策联动对经济结构调整和产业结构优化仍然具有相应的积极效用。

从地区总人口占全国比重来看，东北地区下降1.23%，说明东北地区新型城镇化与产业集聚政策联动对人口吸引力提升不足，与其他三个地区相比呈现明显的人口吸引力竞争力缺乏，导致大量的人口流失。这一现象与我国人口流向经济社会发展水平较高区域特征相吻合。东北地区城镇居民可支配收入和农村居民可支配收入虽然分别同比增长7.12%和6.37%，但依然居四个地区的末位。同时，东北地区城乡居民基本养老保险和城镇基本医疗保险参保人数分别同比增长0.73%和0.32%，在四个地区中分别居第三和第四；特别是在其他三个地区城乡居民失业保险参保人数出现不同程度增长的情况下，东北地区下降8.04%。这些数据说明东北地区新型城镇化与产业集聚政策联动对促进城乡居民收入和社会保障的提升方面还存在较大的不足。

另外，从表6-3数据可以得出度量的正向指标标准差为5.5241，逆向指标标准差为6.034，在四个地区中分别居第一和第二，反映出东北地区新型城镇化与产业集聚政策联动效用还存在高度的区域差异。特别是在城乡居民失业保险参保人数同比变化差异较大，如图6-7所示，其中，吉林、辽宁同比分别出现 0.15% 和 0.97% 的小幅增长，而黑龙江则出现 25.24% 的大幅下降，最大差距为 26.21%。作为老工业基地的东北地区在第二产业生产总值同比变化差异较大，如图 6-8 所示，其中，辽宁第二产业生产总值同比下降 0.30%，与吉林和黑龙江分别相差 5.5% 和 1.7%。

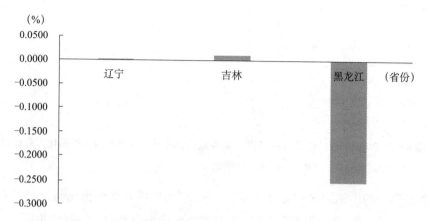

图 6-7　2015 年东北地区各省城乡居民失业保险参保人数同比变化情况

资料来源：2015 年、2016 年《中国统计年鉴》。

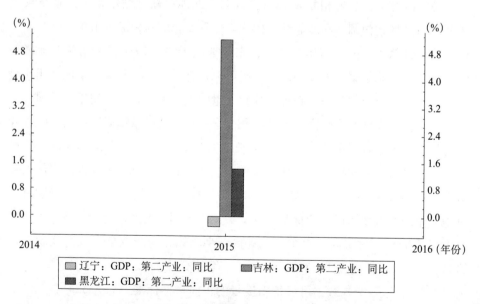

图 6-8　2015 年东北地区各省第二产业生产总值同比变化情况

资料来源：2015 年、2016 年《中国统计年鉴》。

第三篇

问 题 篇

第七章

影响新型城镇化与产业集聚联动
发展不足的城镇化原因

第一节　城镇空间布局"不够优"

一、城镇经济互动性弱

（一）城镇空间功能互动不足，抑制产城互动效率

传统的城镇化建设单纯强调单个城镇自身良性发展，通过制定和实施土地流转、农民市民化等相关政策促进农民向城镇集聚，各类经济劳动要素在市场作用下也会不断地向城镇集聚。随着城镇化建设推进，丰富的自然资源、经济劳动要素、人口也逐渐实现在城镇的集聚，为城镇集聚提供了土地、人力资源和劳动要素资源保障。而城镇空间统筹的产业互动、节约集约地提供共享的交通运输建设、信息系统架构、物流网络、生活服务、中介服务、社会关系服务等基础设施服务融合联动建设贫乏，致使城镇化建设投资成本偏高，降低了城镇发展能力。同时，传统城镇化缺乏中心城市和县城依托，城市空间布局、区域产业布局不合理，致使城镇间分工、协调发展力不足，不能形成城镇空间功能区相互支撑体系，导致城镇不同区域产业集聚发展协调力、互动力不足。作为中部经济发达的武汉市，在 2015 年、2016 年和 2017 年生产总值及第一产业、第二产业、第三产业生产总值增长趋缓，特别是第三产业增长

偏低，如表 7 - 1 所示，说明武汉市城镇空间功能有待提升。

表 7 - 1　　　　　　**2015～2017 年武汉市各产业生产总值**　　　　单位：亿元

年份	生产总值	第一产业	第二产业	第三产业
2015	10905.60	359.81	4981.54	5564.25
2016	11912.61	390.62	5227.05	6294.94
2017	13410.34	408.20	5861.35	7140.79

资料来源：2016～2018 年《武汉统计年鉴》。

　　同时，作为农业大省的河南，在统筹城乡发展和经济实力不断增强的情况下，全省 2015 年、2016 年和 2017 年第一、第二、第三产业对社会生产总值贡献率呈现下降趋势，如表 7 - 2 所示，特别是第二、第三产业贡献率下降速度明显高于第一产业，说明城镇空间互动尚需加强。

表 7 - 2　　　　**2015～2017 年河南省三次产业对生产总值增长拉动**　　　单位：%

年份	生产总值	第一产业	第二产业	第三产业
2015	8.3	0.5	4.6	3.3
2016	8.2	0.4	3.6	4.2
2017	7.8	0.4	3.5	3.9

资料来源：2018 年《河南统计年鉴》。

（二）城镇产业空间关联和分工不强，降低产城互动力

　　传统的城镇化建设，城镇优势产业和产业集聚的关联度低，城镇产业集聚政策缺乏产业指向性、关联性和分工指导。在建设产业集聚区项目选址方面，针对劳动力密集、原材料集中度高、市场集中以及交通枢纽等区位优势重要指向标准不足，产业集聚区内产业互补、互动能力不强，不能充分发挥城镇空间优势。在产业集聚区选择进驻企业方面，追求"大而全、小而多"，存在上下游企业的产出关联的纵向经济联系不紧密，围绕主导产业与部门作为集聚主体形成的横向经济联系产业关联度及分工均存在松散、模糊，甚至产业集聚区内企业之间的经济联系、专业分工也不明显，重复建设、同质企业过多，不仅增加了城镇化建设成本，而且对降低企业交易成本和信息获取成本，提高集聚区内企业协作效率和生产率造成了较大阻碍，进而降低了产业甚至城镇的竞争力，降低了产城互动力。

　　作为全国人口大省的河南，在 2011 年、2012 年和 2013 年，省辖市生产总值占全省比重虽然呈现增长趋势，但增长缓慢，且省辖市三次产业的比重没有

明显变化，如表 7 - 3 所示，说明河南省在城镇化建设过程中，省辖市产业互动不足。

表 7 - 3　2011 ~ 2013 年河南省辖市生产总值及省辖市产业生产总值比重　　　　单位:%

年份	生产总值	第一产业	第二产业	第三产业
2011	29.5	8.7	27.3	42.8
2012	30.0	8.9	27.8	42.8
2013	31.3	9.8	29.0	43.8

资料来源：2012 ~ 2014 年《河南统计年鉴》。

（三）交通大区域协调规划不足，阻碍产城互动进程

传统的城镇化建设，在交通运输网络构建方面没有实现和提高城镇到达的便利性，城镇公路、铁路、水路、航空等交通方式没有实施差别化交通和城镇交通网络空间布局协调运作不足，特别是内陆城镇着重强调公路建设和使用，忽视内河航运优势的发挥，导致城镇交通运输资源不能充分发挥效能。区域轨道交通、全国性高速公路和干线公路建设，特别是城市群轨道交通发展，不能实现设施供给类别均衡发展，阻碍城镇、产业对外开放步伐。不同规模城镇，交通枢纽和城镇优势的匹配程度不足，城镇产业获得原材料、输出产品和服务能力降低，严重阻碍城镇及产业发展的外生增长力，降低产城互动支撑力。城镇交通投资和使用管理协调不足，缺乏区域交通基础设施协调机构，致使城镇间交通网络对接能力降低，甚至出现破坏城镇间交通对接行为，难以形成交通大区域体系。政府参股的市场化运作投资、建设和经营比重较高，社会资本参与程度低，增加了城镇财政压力，降低了产城互动的经济支撑。2012 年和 2013 年，武汉市全社会不同运输方式的货物运输量、客运量增长缓慢，甚至出现下降，分别如表 7 - 4 和表 7 - 5 所示。

表 7 - 4　　　　2012 年、2013 年武汉市全社会货物运输量　　　　单位：亿吨

运输方式	2012 年	2013 年
铁路	9177.40	9010.40
水运	8919.34	10485.55
航空	9.57	9.80
公路	24354.00	25023.00
总计	42460.31	44528.75

资料来源：2014 年《武汉统计年鉴》。

表 7 - 5　　　　　　2012 年、2013 年武汉市全社会客运量　　　　　单位：万人

运输方式	2012 年	2013 年
铁路	9764.9	12104.00
航空	933.5	995.29
公路	16794.0	16521.00
总计	27492.4	29620.29

资料来源：2014 年《武汉统计年鉴》。

二、城镇间开放对接性偏弱

(一) 城镇间产业合作有待优化

传统城镇化建设，多强调城镇内部产业布局与合作，忽视城镇间产业对接合作建设，以致城镇间产业对接性弱化，降低城镇发展的外生性动力，产城互动机制不完善。从不同区域产业发展来看，我国产业发展从东至西呈逐级减弱态势，从总体产业规模上看，东部沿海城镇产业集聚发展实力较强，区域代表性的产业集群优势较明显，高新技术产业发展相对发达，产业创新能力较强，但能源相对贫乏，第二产业发展成本较高；中部地区产业总量较小，特别是以农业为主导的安徽、河南等省份，农业产业亟须解决深加工提升，第二、第三产业发展不充分，生产技术相对落后于东部沿海城镇，产业创新能力不足；西部地区凭借自然资源优势，第二产业发展相对较充分，但还存在发展方式粗放、资源利用率低等问题，其他产业发展滞后。在此境况下，东部创新成果亟须向中、西部转移，中部的农业产业亟须向东、西部转移，西部能源亟须向东、中部转移。然而，由于上述东、中、西部产业发展布局，中、西部产业无法承接东部创新成果，东、西部也无法承接中部农业转移，东、中部因成本高企而无法承接西部能源转移。因此，从东至西，城镇间产业合作能力严重不足，合作方式也比较单一。同时，在同一区域内的城镇产业合作能力还有待进一步提升。

(二) 城镇间联动能力缺失

传统城镇化建设过程中，基于不同的经济利益与社会环境，不同城镇发展速度参差不齐，特别是不同行政区划的城镇，在经济、社会、自然开放交流方

面，因户籍、金融、交通、信息、社会保障、医疗保险等方面无法形成相互统一的城市体系，致使城镇间联动能力欠缺。在户籍制度上，没有统一的户口管理机制，不同区域的户籍制度在就业、住房、收入、创业、社会保障等方面待遇与标准差异性较大，社会保障、医疗保险等区域分离，不能够实现跨区域提供保障，阻碍着劳动力在城镇间的流动，不能形成城镇间的劳动力优势互补。在金融运行机制方面，发达城市相对完善，金融创新产品与服务相对丰富，而对于中小城镇来说相对薄弱，且投融资渠道、标准和服务能力有较大差距，致使资金无法实现跨区域良性流动，金融支持城镇化建设和产业集聚发展功能得不到充分发挥。在交通设施建设方面，不同经济水平区域建设规模、质量、水平参差不齐，且存在区域分割问题，大区域、大交通网络建设滞后，传统的交通设施区域化管理，致使不同区域物流运输业不能实现良性互通，阻碍着城镇间物资依据市场化运营和流动，导致城镇与产业之间互动缺乏物流产业的有力支撑。在信息服务方面，跨区域规划、互联互通严重不足，资费标准、服务类型等都存在较大差异，信息流动存在较高障碍，致使信息消费、信息共享不能充分实现，导致城镇间开放程度不足，城镇及其产业不能获得充分的外生性资源支持，较大程度上阻碍着产城互动的有效实现。

第二节 城镇规划建设标准"不够高"

一．城镇规划建设质量有待提升，导致产城互动支撑不力

（一）部门间协调机制不健全，降低城镇规划质量

城镇化建设和产业集聚政策联动涉及发改、财政、国土、工信、交通、水利等多个部门相关政策制度的协作。传统的城镇化和产业集聚发展过分强调经济建设，忽视甚至牺牲深化改革、关注民生、便民为民，各部门间政策制定和实施的协调配合不足，缺乏法律法规、标准体系方面的保障和监督。各部门职能责任划分不清晰，存在较大程度的交叉管理，协调解决问题的部门协调层级、协调方式不规范、不完善。各部门间议事协调机构设置不规范，议事协调机构缺乏正式领导小组或委员会，主要领导或分管领导牵头协调机制不充分，

重大或牵涉部门较多的问题专题协调决策不足。各部门领导参与建立部门联席会议或部门例会制度不规范，协调配合监督不足，缺乏协调各方把握、行使和落实自身权利与义务的政策。法律法规保障缺乏，协助和实施相应解决措施针对性不足，对协调不力、执行不力等追责缺乏可溯性，协调时效过长，协调依据与标准不完善，协调配合效能的分析评估不力。这些因素的存在，导致城镇规划协调不足，造成城镇化建设的整体性、局部性均存在重复建设、低效建设，导致城镇空间布局不合理、功能协调能力差等问题，影响并抑制了产城互动效率。

作为全国交通枢纽的郑州市，2015～2017年，市政设施及交通建设成效不如人意，如表7-6所示，特别是市区人均道路面积基本没有发生变化，很难适应新型城镇化建设需求。

表7-6 2015～2017年郑州市政设施及交通建设

指标	2015年	2016年	2017年
建成区面积（平方公里）	438	457	501
市区人口密度（人/平方公里）	15055	14073	11140
人均城市道路面积（平方米）	7	9	13.90
年底路灯盏数（盏）	93551	97020	106020

资料来源：2016～2018年《河南统计年鉴》。

（二）城乡土地利用布局不合理，破坏产城联动的土地效应

在传统城镇化建设和产业集聚发展过程中，城乡各类用地统筹规划不足，对土地开发利用总体规划缺乏科学性，土地用途管制缺乏权威性、法律性。农用地规模保障不严格，建设用地和非建设用地占用农用地现象严重，甚至有突破耕地红线风险，园林等生态保护用地增长不足，农村居民点整理混乱，甚至出现土地利用率下降现象。城镇功能结构和产业结构调整不充分，城乡建设用地指标分配不合理，使用计划与供应计划脱节，建设用地需求大于实际土地供应水平，划拨用地比例偏高，导致城乡土地的统筹规划不足。政府土地垄断严重，市场化运作力度不够，政府监管的模式粗放，土地价格偏高，起不到杠杆调节实现工业用地市场化配置作用。在土地开发、建设和交易方面，土地征收粗放，有偿使用执行不力，征收补贴模式单一，致使坚持效率优先、节约集约利用土地落实困难，对闲置土地、久未开发土地等存量用地监管不到位，对低

效开发土地变更土地开发模式或转变土地用途不力，致使土地浪费严重、利用效率低下。对新增建设、开发用地，规模总量控制执行不严格，增长速度过快，甚至出现批准不符合国家政策的城镇用地、限制类、禁止类和淘汰类产业用地。这些因素和现象的存在，导致城乡土地用途管制形同虚设，空间布局不合理，土地使用与土地功能不匹配，严重降低了土地的使用效率。

（三）环境监管规划制度不完善，降低产城互动的资源支撑力

传统城镇化建设过程中，对环境监管规划多注重环境污染后监管和治理，缺乏对污染源头的监管，而各类污染物源头排放，对城镇生态环境造成的破坏往往难以修复，凸显环境监管规划不完善。在环境监管标准制定和实施方面，国家及地方各级标准存在不统一现象，常常是地方标准低于国家标准，导致对污染物排放监管不严。在监管环节方面，不能实现从普遍着手，贯穿生产、流通、分配、消费等各环节污染物排放源头监管，导致污染物未经许可排放、无证排污，超标准、超总量排污现象严重。在对环境污染行为惩罚方面，因监管和执法体系权威性、独立性差，缺乏追责制度，处罚形式单一，往往以缴纳较低额度罚款作为处罚，甚至出现污染不处罚现象，处罚力度不足，环境污染行为主体为污染行为付出的代价远远低于其污染行为所获取的经济效益，致使环境污染行为屡禁不止，造成环境污染越来越严重。在环境监管参与主体方面，缺乏以"国家监察、地方监管、单位负责"的三位一体、全民监督的监管体系，土地、环保、交通、工商、水利等多部门的环境保护联合执法、协调执法机制不完善，特别是跨行政区域、地理区域、突破属地体制的联合执法，异地、异部门检查监督环境的交叉执法基本空白，导致环境污染监管困难重重，特别是城乡结合部、行政区域结合部几乎不存在环境监管。这些现象的存在，致使城乡环境破坏较严重，造成大量的自然资源损失、破坏，生活环境品质降低，降低了城镇人口集聚能力，导致产城互动缺乏充足的资源和劳动力支撑。

（四）城镇和产业创新规划贫乏，导致产城互动创新推动力不足

1. 城镇缺乏创新运行机制。传统城镇化建设，忽视城镇创新驱动发展战略，城镇创新环境、创新潜力、创新效率不足，致使城镇经济社会发展效率低下，城镇竞争力得不到创新提升。在营造创新的制度环境方面，市场调节不足，导致市场需求强烈的技术、管理、生产方式和商业运行模式等创新行为因

其投资大、风险过高而不能获得政府政策支持、资金支持和人才支持。在创新潜力挖掘方面，不仅创新行为的激励体制、创新的人才培养和使用机制构建不完善，致使创新人才贫乏。同时，创新利益分配机制不完善，促进创新成果转化应用、市场机制调解机制功能不充分，阻碍了创新主体的劳动收益、创新效益的实现。在创新投资体制建设方面，创新投融资渠道狭窄，民间资本投资创新力度不足。这些因素的存在，不仅阻碍了城镇创新意识的形成，而且抑制了创新行为的发生，在一定程度上破坏了创新主体的创新积极性，导致创新驱动城镇发展力度不足。

2. 城镇产业创新运行机制不完善。传统城镇化建设，在产业创新规划、产业创新体制、产业创新行为上缺乏土地使用、资金支持、税收财政、人才队伍、创新引导等方面的政策支持，导致城镇产业创新力不足，城镇产业转型升级、结构优化进程缓慢。在产业创新规划方面，着重当前，缺乏创新未来规划，导致对产业创新土地划拨、扶持资金、税收减免、税率调整、财政扶持、人才引进缺乏前瞻性。在产业创新实现和创新成果应用途径方面，形式单一，着重产业生产技术创新激励和保护，缺乏产业经营模式、产业重组形态等方面的创新激励和保护。在产业联合创新方面，引导产业分工、优势互补、结构优化融合、资源共享、城乡一体化等方面不足，致使产业创新盲目联合，资源、利益分配不均，激励约束不足，联合创新失败屡见不鲜，创新风险高企。同时，城镇产业创新投融资渠道狭窄，产业自身投资偏高，缺乏国民结合形式，政府资本、民间资本投资力度不足，产业创新融资困难。这些因素的存在直接导致城镇产业创新困难重重，不仅致使产业创新缺乏足够的土地、资金、人才等方面的支撑，而且还影响产业创新成果转化的成效，致使城镇产业转型升级困难。2017年，河南省对研发（R&D）研究与试验经费支出如表7-7所示，明显具有资金投入结构不均衡问题，特别是境外资金利用过低，其他资金利用贫乏。

表7-7 　　　　　　**2017年河南省对 R&D 研究与试验经费支出** 　　　　单位：万元

来源	总额	科研机构	高等院校	大中型工业企业
政府资金	527681	75517	149187	89997
企业资金	5088790	1169	67913	3889263
境外资金	487	13	147	27
其他资金	203580	4443	40586	36500

资料来源：2018年《河南统计年鉴》。

二、城镇规划建设品位特色不突出，产城互动缺乏优势支撑

(一) 城镇打造产业集聚成本优势的功能不足

在传统城镇化建设进程中，对产业集聚发展规划粗放，产业的专业化分工协作、共享和集约利用公共资源不足，城镇人力、物力和财力的使用效率低下，导致产业集聚发展的信息成本、运输成本、能源成本等高企，产业集聚发展无法实现低成本优势，经济附加值也得不到提升。同时，产业集聚的粗放发展，致使城镇资源利用率低和生态环境保护任务加重，破坏了人与自然的和谐发展，推动城镇化建设成本攀升，可持续发展力下降。这些因素的存在，抑制了城镇在劳动力、土地、劳动资源等方面的优势发挥，无法形成产业集聚发展的成本优势。

(二) 城镇区位优势发挥方式粗放

不同城镇具有不同的区位优势，可能会体现在政治、经济、人才、资源、文化、交通、科技、市场、产业等不同方面，城镇区位优势的充分发挥，能高效地支撑产业集聚发展。传统城镇化建设，在城镇区位优势发挥方面，存在粗放式过度开发利用，甚至寅吃卯粮，导致产业集聚发展阶段不均衡，缺乏可持续发展支撑。实行粗放式使用，导致城镇自然资源很快枯竭，致使城镇发展丧失优势支撑。对于以农业为基础的城镇，没有实现市场化、区域化、专业化、规模化、一体化和集约化发展，农业产业链中从事生产、加工、销售等环节的企业粗放经营，盲目吸收和利用先进管理、生产技术，导致农业发展投资高、效率低，致使形成不了以农促工，以工促镇功能。对于人才密集型城镇，过分强调实现科技产业集聚发展，导致其他产业发展出现瓶颈，无法形成对先进技术吸收和应用能力，降低了科技应用和服务经济发展的效率。对于资金密集型城镇，强调金融产业集聚发展，导致其他产业因缺乏足够的支持发展缓慢，降低投融资需求，资金的市场流动性不足，资金闲置而致使资金支持实体企业不力。对于具有交通区位优势的城镇，过分强调物流产业集聚发展，忽视其他产业对物流运输的市场需求，造成物流产业运能出现过剩，降低了物流和商流效率。

（三）城镇功能区效率不足

传统城镇化建设进程中，随着城镇空间规模和人口规模的不断扩展，城镇内也出现了承担不同主导功能的区域，诸如人流、信息流、资金流、物流、技术流比较集中的区域，分别承载着不同功能。然而，各城镇的不同功能区实施和发展产业集聚措施对功能区优势针对性不足，存在政策雷同，区别度不高等因素，为产业集聚提供财政、金融、土地、农民市民化、技术等方面政策保障还不足以支撑产业集聚发展。例如，对于经济发展程度较高的城镇区域，中心城区通过税收、业务促进等政策发展金融、文化、咨询、物流等服务业力度不够，这些服务业业务同质性高、同业竞争激烈，造成不同程度内耗，创新发展不足，降低了为城镇主导产业组建和发展产业集聚区的服务功能，抑制主城周边的区域发展和培育先进制造业为主导的产业集聚区。而对于经济较欠发达的城镇区域，从激励引进和接受先进的管理、技术、设备、资金等政策支撑产业发展，但是对能够承接产业技术和产业资金转移的产业培育不足，往往出现引而不能用问题，造成对主导产业发展支撑力不足，降低了城镇规划效率，影响产城互动的功能发挥。

（四）新型城镇化的核心理念贯彻不强

在传统城镇化规划和产业集聚发展规划中，单纯考虑城镇规模扩张、产业规模膨胀，一味追求"大而全"的政绩工程或面子工程屡见不鲜，导致城镇空间结构、经济结构和产业结构臃肿，城乡、区域发展不平衡，制造业特别是高能耗、高污染产业所占比重过高，增长方式粗放，过多依赖能源消费，以致城乡资源浪费严重、生态环境污染破坏，城乡居民生活环境质量下降。在城乡资源开发利用方面，不能充分考虑所依托城镇的资源环境承载能力，土地粗放式开发，产业准入生态文明标准低，产业集聚区规模确定不合理且执行不够严格。在城镇建设和产业集聚区选址过程中，污染严重的产业不注重避开和保护重要生态保护区、居民生活用水用土和生态敏感区。在城镇产业集聚区开发建设过程中，低碳经济和绿色建筑模式发展和使用注重不足。在产业集聚区生产活动中，污染和破坏环境的污水、废气和废渣处理和再利用能力不强，工作不到位。同时，产业集聚的粗放式发展，对城镇资源低效利用和忽视生态环境保护，造成大量资源浪费，破坏了人与自然的和谐发展，增加了城镇化建设成本，无法获得可持续发展力。

第三节 城镇设施"不够齐全"

一、基础设施建设不足

(一)工程性基础设施建设水平低

传统的城镇化建设，城镇工程性基础设施建设规划设计水平低，对城镇工程性基础设施规划纳入城镇总体规划重视不足，工程性基础设施的公共政策和纲领性、指导性文件制定不到位。缺乏均衡协调城镇工程性基础设施建设与城镇发展理念，忽视甚至缺乏超前性地从城镇物质空间的设计到城镇无形资产的经营策划，总体设计和专项设计结合不紧密，造成重复建设、低效建设严重，导致城镇工程性基础设施建设水平低下，服务能力不足。缺乏建设智慧城市、以科技创新为主线、全面提升城镇基础设施的发展模式，高新技术和现代化、智能性装备应用于城市基础设施系统和信息系统的智能化水平缺失，智能化建筑、智能化家居、智能化电网、智能化供排水网等城镇基础设施严重不足，甚至出现空白。城镇工程性基础设施建设全面性不足，各级政府城镇基础设施建设相关政策、法律法规、建设标准、协作职责、权益分配制度制定和构建不完善，导致城镇基础设施建设科学化和管理现代化水平低。市场化的投融资运作不足，投融资渠道狭窄，过分依赖政府财政投资，导致城镇工程性基础设施建设投融资力度不足。城镇居住、教育、医疗卫生、通信、水电气供排放、污染物处理等配套管网建设不完善、管理及效能低下，保障基础设施建设投资增长，适应经济增长和调整结构需求任重道远。2012 年和 2013 年，武汉市全社会新增固定资产投资呈下降趋势，特别是农村新增固定资产投资总量下降更严重，如表 7-8 所示。

表 7-8	2012 年、2013 年武汉市全社会新增固定资产	单位：万元
项目	2012 年	2013 年
城镇	21113302	20086418
农村	580314	399491
总计	21693616	20485909

资料来源：2014 年《武汉统计年鉴》。

（二）社会性基础设施建设缺乏

传统城镇建设在社会性基础设施方面，与城镇工程性基础设施建存在同样问题，对城镇社会性基础设施规划纳入城镇总体规划重视不足，社会性基础设施的公共政策和纲领性、指导性文件制定不完善，忽视和缺失均衡协调城镇社会性基础设施建设与城镇发展，导致城镇社会性基础设施对促进劳动者素质提高和人的全面发展功能、现代服务业发展以优化调整产业结构的功能、对外资吸引力功能、扩大区域内需功能、城镇经济增长的功能严重不足。同样，重视满足当前，缺失适度超前性地从城市物质空间的设计到城市无形资产的经营策划，总体设计和专项设计结合不紧密，造成重复建设、低效建设严重，导致城镇社会性基础设施建设水平低下，服务能力不足。依赖度高，导致城镇社会性基础设施建设投融资力度不足，城镇社会性基础设施建设投资增长不能适应经济增长和调整结构需求。同时，传统城镇化建设注重规模扩张，对城镇社会性基础设施需求也不断增加，为了适应和支撑城镇规模的有效扩张、城镇产业的有效集聚，必须注重城镇社会性基础设施建设质量和效益提升。

二、公共服务设施不完善

传统城镇化建设过程中，公共服务设施建设规划以及投融资模式、规模和水平等方面相对滞后于城镇化，极大地限制了公共服务设施服务于城镇化建设和产业集聚发展的服务能力。在公共服务设施建设规划方面，公共政策和纲领性、指导性文件制定不到位，土地、金融、工商等部门规划协调机制滞后，大众化服务设施综合配置不够完善，中心城区与郊区统筹规划不合理，专业服务设施、前瞻性服务设施几乎存在空白，管理分割、缺乏协调等问题导致综合利用效率低。在公共服务设施建设投融资方面，行政化管理运作，市场机制调节功能发挥不充分，着重政府投资，民营资本等多渠道投入度不足，再加之公共服务设施建设投资纳入政府投资预算体系不足，致使城镇公共服务设施投资渠道单一，投入力度受到一定的制约，公共服务设施规模增长较低。在公共服务设施土地使用方面，虽有国家层面的用地规划标准，但缺乏地方各级政府结合本地实际的用地规划标准，致使国家标准贯彻落实基础缺失，存在规划随意性、土地粗放式使用等问题，中心城区重复建设严重，郊区建设不能根据市场需求，过分追求建设规模，造成大量土地被占用，土地容积率偏低，特别是大量的建设项目缺乏配套公共服务设施建设规划，造成公共服务设施占用土地。在公共服务设施使用管理方面，缺乏相应的管理规章制度、法律法规体系及激励机制，虽有专业部门执行管理职能，因公共服务设施维护成本高而出现放任管理，致使公共服务设施被擅自改变使用性质、综合利用、合理使用不足，设施损坏、失窃严重，甚至造成国有资产流失。在公共服务设施服务能力方面，相对滞后于城镇需求，不仅服务于本地居民的公共服务设施建设和服务功能贫乏，而且服务于外来务工人员的培训、子女教育、餐饮、医疗、娱乐休闲等公共服务设施不足，致使城镇无法实现对人才的集聚功能，导致城镇和产业集聚发展人才支撑缺失。2011～2013 年，武汉市各级各类教育毕业人数趋于下降态势，如表 7-9 所示，严重制约着武汉市劳动力的质量。

表 7-9　　　　　　**2011～2013 年武汉市各级各类教育毕业人数**　　　　　单位：人

指标	2011 年	2012 年	2013 年
高等院校	241101	240720	247327
普通中学	133649	122319	115747
技工学校	31240	17405	11975
中等职业学校	70401	62121	58095
小学	66788	66607	65251
盲、聋、哑学校	252	279	394
总计	543431	509451	498395

资料来源：2014 年《武汉统计年鉴》。

第四节　城镇集聚吸引力不足

一、城镇资源集聚吸引力偏低

（一）城镇创新运行机制构建亟须强化

传统城镇化建设，多以粗放式发展，缺乏创新驱动发展，导致资源在城镇集聚力低下。城镇虽然拥有人才、技术、设备、信息和经费等资源优势，以及拥有政府组织、企业、高等院校、科研机构等具有创新能力的创新主体，为城镇创新提供源头动力，但是城镇在营造创新环境、挖掘创新潜力、提升创新效率方面规划涉及、政策保障、资金保障和人才保障等力度严重不足。城镇创新政策和创新环境支持尚处在起步阶段，还没有实现深化改革以致创新资源与创新主体结合困难。创新的市场主导制度建设缺乏，市场强烈需求的技术、管理、生产方式和商业运行模式等创新行为的制度支持、资金支持和人才支持严重不足，以致创新行为发生率低、创新成果转化应用不足。同时，在构建创新政策、法律法规环境方面，创新人才培养和使用机制、创新服务和知识产权保护的政策和法律法规体系、创新利益分配机制等体制机制构建不完善、不健全，严重阻碍创新。

（二）资源市场配置机制效率不足

传统城镇化建设和产业集聚过程中，资源的市场配置机制构建还存在资源供给、需求、价格和竞争机制不完善问题，导致资源分配、组合及再分配、再组合的过程不合理、不均衡，降低了资源使用效率。在资源价格市场形成机制构建方面，基准定价不合理，市场定位、市场价格和招标定价、拍卖定价结合不紧密，过分依赖招标拍卖价格。同时，缺乏从资源需求方经营状况、经营实力、可持续发展力等方面的综合考察，选择向最能实现和提高资源使用效率、生态环境保护效率的单位配置资源，导致资源需求方因多方竞争而虚增资源价格，以致资源获得主体资源成本偏高，直接降低其生产经营投资能力，导致经营效率低下。在资源供给和需求调节方面，资源供应引导和约束资源需求机制构建不力，资源供应规划与城镇规划、产业规划衔接不足，资源供应总量、质量、用途及使用途径等信息不够公开透明，致使资源需求方不能根据资源供给及时调整资源需求量和使用途径等，资源需求和使用的随意性突出，导致资源需求及资源的使用不符合地方经济发展需求。

二、城镇人口集聚能力缺乏

（一）城镇政策支持人口集聚功能不足

随着城镇化建设和产业集聚发展，伴随着失地农民的规模和数量的急剧增加，他们也需要在人口集聚过程中融入城镇，参与和从事发展集聚产业的活动。但是，各级政府相应的支持农村转移人口进入城镇政策制定滞后，特别是户籍政策限制农村转移人口市民化。城镇化发展扩大就业区位不明显，产业集聚发展创造就业岗位不充分，促进农民进城就业创业等政策配套跟进不足，致使农村剩余劳动力即使进入城镇因无法就业而被排挤出城镇。促进现有就业和再就业政策功能单一，城乡一体的劳动力就业市场体系尚未健全，农民户籍管理体系、社会保障体系、区域流动体系、基础设施及社会服务体系等以解决进城农民社会身份和社会保障问题的政策更是滞后，甚至有些领域还存在空白，导致农村转移人口无法充分融入城市，真正转化为市民，致使城镇化建设和产业集聚发展不能获得充分的人口集聚支持。

在城镇管理方面，城镇管理模式、目标管理责任机制、市场化运作机制、作业机制、监督机制构建滞后，政策扶持不足，降低了城镇人口集聚能力。政府引导、市场主导，政府、社会、企业、社会组织及个人等运营主体多元化参与城镇社会管理体制构建不充分，城镇管理标准统一化、一元化、城乡一体化实施不足，综合治理与专业化分工管理结合不紧密，相关管理部门的管理职能及其统一协调能力与城镇现代化管理还存在较大差距，分级负责，上下联动的城镇管理运行机制尚未完善，致使城镇管理保证和保障城镇经济社会秩序能力不足。湖北省武汉市在 2011～2013 年虽然从业人员数有所增加，但增长率过低，且总人口数呈下降趋势，如表 7-10 所示。

表 7-10　　　　　　　　**2011～2013 年武汉市人口与就业**　　　　　　单位：万人

指标	2011 年	2012 年	2013 年
年末总人口	827.24	821.71	822.05
从业人员数	498	506.40	522.24
城镇非私营单位从业人员数	189.77	191.85	198.54

资料来源：2014 年《武汉统计年鉴》。

（二）城镇政策扶持产业创新功能缺失

产业在城镇集聚，是为充分运用城镇各类优势获得发展，特别是创新驱动产业发展优势。但是，传统城镇化建设，在支持产业创新方面，从土地使用、资金支持、税收财政、人才队伍、创新引导等方面政策支持不足，致使产业集聚发展缓慢，就业机会和就业岗位创造力不足，无法实现对城镇人口集聚充足支撑。对技术创新、资金积累、企业协作等方面土地划拨、重点扶持资金、税收减免、税率调整、财政扶持、人才引进等缺乏政策支持，致使无法实现提升企业盈利和自身积累能力、促进企业进行设备更新和技术改造、促使产业实现技术进步、增强产业发展后劲。在产业链完善和支持方面，缺乏对采用先进生产技术和生产工艺实现集约化生产，以及提高产业产品的经济附加值的产业主体的激励和鼓励政策，致使产业集聚发展模式、技术等转型升级缓慢。严重缺失对产业优势互补、资源共享、共同受益、共担风险为基础的产业技术创新战略联盟，缺失共同研究、共同开发和创新产业技术的创新政府引导、市场主导的政策支持。产业重组模式多以国有企业作为重组龙头，缺乏对有优势、有条件的民营企业作为重组龙头，缺乏实施跨区域、跨所有制的重组行为的政策引导和支持。支持知识产权转让、许可制度政策和法律法规还存在严重缺陷，产业合作模式创新多以支持实施国内合作，缺少促进和支持与国际先进和实力雄厚的企业合作政策。在产业投融资实现渠道和途径方面，支持拓展产业投融资渠道政策，促进和加强民间资本投资力度政策严重不足。这些不完善、甚至缺失相关扶持政策，致使产业集聚创新程度低、企业经营能力提升缓慢，进而降低了产业集聚对人口集聚的支持，导致城镇人口集聚功能不足。2012 年和2013 年，武汉市按登记注册分类的规模以上工业企业科技活动偏低，且呈现下降趋势，如表 7－11 所示，说明武汉市产业创新能力有待提升。

表 7－11　　2012 年、2013 年武汉市规模以上工业企业科技活动情况　　单位：人

项目	科技活动企业数		科技活动人员数	
	2012 年	2013 年	2012 年	2013 年
国有企业	33	17	14203	13180
集体企业	1	1	10	14
股份合作企业	2	1	72	0
联营企业	1	0	255	0
有限责任公司	159	184	16091	19105
股份有限公司	54	64	9466	10547
私营企业	65	74	2375	2566
其他企业	1	0	12	0
港、澳、台投资企业	9	8	776	582
外商投资企业	37	40	2910	3988

资料来源：2014 年《武汉统计年鉴》。

（三）城镇及其产业人口吸纳能力有待增强

1. 城镇对人口的吸纳能力欠缺。传统城镇化粗放发展，城镇新的就业机

会和就业岗位增长缓慢，存量就业机会和就业岗位远不能满足就业需求，城镇就业率增长速度低于城镇人口规模增长速度，形成大量的无业人员，反映城镇对人口的吸纳能力低下。究其原因，城镇产业结构调整、企业内部优化不够充足，金融服务、生活服务、就业服务、旅游服务业等吸纳就业能力强的第三产业发展不足，产业就业吸纳力差，城镇无法形成就业空间优势。在税费减免、资金信贷、场地安排、教育、住房、人口管理等方面扶持自主创业和自谋职业的政策和措施不足，自主创业率低。这些因素导致城镇新增就业机会和就业岗位不足，无法实现城镇充分就业，造成城镇人口集聚能力缺乏。

2. 产业对人口的吸纳能力尚待提升。传统城镇化建设背景下，产业集聚发展着重产业规模扩大，对产业增长能力、结构优化调整、产业链延伸和完善着力不足，造成城镇产业对人口的吸纳能力不足。城镇在用工、结构调整、投融资、创新驱动、升级改造、管理模式及销售支持等方面的相关扶持政策和支持不够充分，导致产业增长能力不足，发展缓慢。特别是城镇产业链延伸与城镇居民就业结构的匹配度不高，科技服务、金融服务、旅游、文化等第三产业发展欠缺，致使产业吸纳人口就业能力增长不足。同时，产业内部经营环境尚未完善，科学管理方法和手段、先进技术运用率低下，产业自身发展能力不强。产业发展外部环境在企业兼并重组、品牌延伸、连锁经营、特许经营、虚拟化经营、销售市场等方面还存在较大障碍，产业国际化经营扶持力度不足，无法形成产业外部增长性，致使产业发展不充分，对人口就业的吸纳能力尚待提升。2011～2013 年，随着武汉市产业结构的调整，第一产业人数呈下降趋势，说明武汉市就业结构发生了积极转变，第二、第三产业就业人数增长缓慢，特别是第三产业在 2011 年、2012 年就业人数只增长了 3 万人左右，如表 7－12 所示，在一定程度上也说明武汉市第二、第三产业吸纳人员就业能力增长不足。

表 7－12　　　　　　**2011～2013 年武汉市各产业就业人数**　　　　　单位：万人

年份	总计	第一产业	第二产业	第三产业
2011	498.00	61.10	189.50	247.40
2012	506.40	61.34	194.50	250.56
2013	522.24	50.87	200.86	270.51

资料来源：2014 年《武汉统计年鉴》。

第五节 中国城镇化建设发展实证综合分析

当前，我国新型城镇化建设实现了飞速发展，在诸多领域获得长足进步，但是还有许多新情况和新问题亟须突破。这就要求我国各级政府、相关研究理论界和实践界针对我国新型城镇化建设实际积极探索，准确评价我国城镇化建设发展质量，努力寻求新型城镇化建设存在的问题及其破解，扎实推进城镇化转型发展，实现经济社会又好又快发展。本部分将利用我国新型城镇化发展经验数据为基础进行实证研究，以期为我国新型城镇化建设提供理论依据和实践指导。

一、城镇化发展综合评价指标选择

众所周知，反映城镇化建设和发展质量的因素指标具有多样性，对我国城镇化发展质量评价要求构建科学合理的综合评价指标体系。2014 年，《国家新型城镇化规划》进一步明确坚持以人为本、统筹城乡、集约高效、生态文明等原则，不仅为我国城镇化建设提供了总体思路和要求，也是指导和检验我国城镇化建设路径和质量的标准。城镇经济发展水平能够反映城镇对各类资源利用的效率；城镇人口与社会保障能够反映城镇人口集聚和发展效能，更多地表现在城镇人口就业、文化教育和医疗卫生等方面；基础设施服务能够反映城镇服务功能对经济社会发展需要的匹配性；环境质量的改善和生态资源保护能够反映生态环境文明程度。因而，在充分结合国家相关政策要求和新型城镇化建设实际情况基础上，本部分拟选择经济发展、人口与社会保障、基础设施服务、生态环境等作为一级指标，并在归类设置基础上以国内生产总值、城镇人口、供水综合生产能力及城市绿地面积等 33 个具体指标设计二级指标，进而构建我国城镇化建设发展质量综合评价指标体系。本部分利用 2015 年《中国统计年鉴》原始数据，计算 2013 年及 2014 年每一指标的变化率，涉及价格因素变化的有关指标数据，依据国家统计局公布的实际增长率进行相关计算得出，如表 7-13 所示，从变化率总结分析我国新型城镇化建设进程。

表 7 - 13 我国新型城镇化发展质量评价指标体系

一级指标		二级指标	2013 年	2014 年	变化率（%）
城镇化质量评价指标系数	经济发展	国内生产总值（亿元）	568845	610939.53	7.4
		第一产业增加值（亿元）	56034.58	58332	4.1
		第二产业增加值（亿元）	252928.24	271392	7.3
		第三产业增加值（亿元）	283754.86	306739	8.1
		城镇单位就业人员平均工资（元）	51483	55189.78	7.2
	人口与社会保障	城镇化率（%）	53.7	54.77	1.99
		城镇人口（万人）	73111	74916	2.47
		城镇就业人口（万人）	38240	39310	2.80
		城镇居民人均消费支出（元）	18873.35	19968	5.8
		建制镇	20117	20401	1.41
		城区面积（平方公里）	183416.05	184098.59	0.37
		城市人口密度（人/平方公里）	2362	2419	2.41
		城镇登记失业人数（万人）	926	952	2.81
		每万人拥有城市卫生技术人员数（人）	92	97	5.43
		城市医疗卫生机构床位数（万张）	294.85	316.99	7.51
		城镇参加养老保险人数（万人）	32218.4	34124.4	5.92
		城镇参加失业保险人数（万人）	16416.8	17042.6	3.81
		城镇基本医疗保险年末参保人数（万人）	57072.6	59746.9	4.69
	基础设施服务	城镇固定资产投资（亿元）	435747.43	501153.12	15.01
		天然气供气总量（亿立方米）	900.99	964.38	7.04
		供水综合生产能力（万立方米/日）	28373.39	28673.33	1.06
		道路长度（万公里）	33.6	35.2	4.76
		道路面积（万平方米）	644154.8	683027.9	6.03
		城市桥梁（座）	59530	61872	3.93
		城市排水管道长度（万公里）	46.5	51.1	9.89
		城市污水日处理能力（万立方米）	14653	15124	3.21
		城市道路照明灯（盏）	21995472	23019144	4.65
	生态环境	城市绿地面积（万公顷）	242.72	252.80	4.15
		城市公园绿地面积（万公顷）	54.74	57.68	5.37
		环境污染治理投资总额（亿元）	9037.28	9575.50	5.96
		城市环境基础设施建设投资（亿元）	5223.11	5463.9	4.61
		老工业污染源治理投资（亿元）	849.68	997.7	17.42
		建设项目"三同时"投资（亿元）	2964.49	3113.9	5.04

资料来源：中国国家统计局网站。

二、城镇化建设发展特征

从选取的 33 个城镇化建设评价指标 2013～2014 年相关数据变化率可以发现，相比于传统城镇化建设，我国新型城镇化建设强化了统筹规划，稳步推进投资和建设领域改革，在经济发展方面强化第三产业增长，人口与社会保障方面着重就业和社会保障服务功能，基础设施服务方面着重提升服务能力和服务质量，生态环境保护方面也取得了突飞猛进的成效，城镇的产业集聚、人口集聚功能有所提升，人居环境和各类社会保障也得到不同程度的改善，基本符合我国新型城镇化建设规划进程。

（一）新型城镇化体系基本形成

在国家新型城镇化规划指导下，各级各地政府通过改革户籍和土地制度、创新就业机制，有序推进人口城镇化；以城乡统筹谋划推动城乡一体化发展；通过不同区域城市群规划发展优化城镇化布局和形态；通过强化资源和生态环境保护以提高城市可持续发展能力；以市场机制推动城镇化融资机制、管理机制创新和产城互动机制完善，进一步发展和完善城镇化发展体制机制。据2015 年《中国统计年鉴》数据，2014 年，我国城镇化率为 54.77%，建成城区面积 184098.59 平方公里，城市人口密度达到 2419 人/平方公里，为推进农业转移人口市民化打下了坚实基础；城市基础设施建设投资 5463.9 亿元，城市可持续发展力逐步提高；城镇人口增长 2.47%，城镇就业人口增长 2.80%，国内生产总值增长 7.4%，城镇单位就业人员平均工资增长 7.2%，城乡发展一体化效应凸显。

（二）经济引领城镇集约高效发展

在我国经济转型发展战略背景下，产业结构调整进一步深化，城镇产业结构得以改善，国民消费能力不断提高，城镇基础设施建设和服务能力得以强化，有效控制了城镇登记失业人数。2014 年，我国国内生产总值增长 7.4%，第一、第二产业增加值分别增长 4.1% 和 7.3%，特别是第三产业增加值的增长率超过国民经济增长率，达到 8.1%，彰显了我国经济结构调整效果，城镇单位就业人员平均工资增长 7.2%，基本与国民经济增长同步，充分体现了国民享受经济社会发展红利初衷。

（三）稳步推进人口城镇化和社会保障

人口城镇化是新型城镇化以人为本原则的重要体现之一，在前期扎实推进的基础上，截至 2014 年末，我国城镇化率已超过国际平均水平，达到 54.77%，建成城区面积 184098 平方公里，增长 0.37%，建制镇增长 1.41%，城镇人口增长率为 2.47%，城镇就业人口达到 39310 万人，实现 2.80% 的增长，城市人口密度达到 2419 人/平方公里，增长 2.41%，每万人拥有城市卫生技术人员数、城镇参加养老保险人数、失业保险人数等平稳增长，城镇人口集聚功能和社会保障功能日益提升。

（四）城镇可持续发展力得以增强

从我国城市生态环境保护投资数据来看，我国城镇化建设不断加大环境保护力度，环境治理更加精准，为城镇可持续发展奠定了基础。2013 年和 2014 年，环境污染治理投资总额连续超过 9000 亿元，分别达到 9575.50 亿元和 9037.28 亿元，城市基础设施建设投资分别达到 5463.9 亿元和 5223.11 亿元，老工业污染源治理投资分别达到 997.7 亿元和 849.68 亿元，增长率为 17.42%，建设项目"三同时"投资分别达到 3113.9 亿元和 2964.49 亿元，为实现我国生态环境保护目标打下坚实基础。2014 年，城市绿地面积增长 4.15%，达到 252.80 万公顷，城市公园绿地面积增长 5.37%，达到 57.68 万公顷，城市人口集聚和产业集聚能力和创造宜居环境能力进一步提升。

三、新型城镇化建设存在的主要问题

从表 7-13 我们可以看到所选择的城镇化建设发展质量综合评价指标都处于正向增长，在反映我国新型城镇化建设成效的同时，在一定程度上彰显了我国新型城镇化建设的不足。

（一）城镇产业结构调整有待进一步加强

在三次产业增加值方面，虽然我国的第三产业增加值相较于第一和第二产业增长较快，但也远远未达到新型城镇化建设目标。特别是工业发展水平依然高于生产性服务业，致使产业服务支持不足。据国家统计局相关数据，我国三次产业对 GDP 增长的贡献率如图 7－1 所示，第三产业普遍低于第二产业，只有在国家新型城镇化发展规划后，在国家大力发展服务业的举措下，二者的贡献率差距才得以缩小，但我国的产业结构依然呈现"二三一"态势。据有关统计数据，2014 年在人均 GDP 方面，我国为美国的 14.3%，但第三产业的人均主要指标我国只有美国相关指标的 7.4%；即使与发展中国家印度相比，2012 年印度第三产业占 GDP 比重达到 65%，而我国当年第三产业占 GDP 比重只有 44.60%。可见我国产业结构调整任务之艰巨。

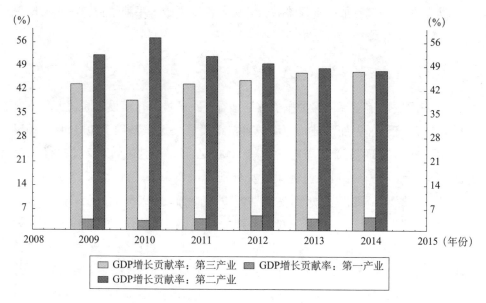

图 7－1　三次产业同比贡献率

资料来源：中国国家统计局网站。

（二）城镇人口集聚策略亟须改善

虽然表 7－13 数据能够反映出我国城镇人口 2014 年比 2013 年增长了 1805 万人，年增长率为 2.47%，在世界都处于较高水平，但是在推动人口向城镇集聚的实际操作过程中，一些地方不能结合区域地位实际而盲目追求人口集聚，甚至忽视城市发展规律以及城镇户籍制度、就业机制和社会保障体系配套改革和建设，依靠行政权力，强制规定和下达人口集聚指标，搞圈地式人口集聚增长。这种行为虽然能够带来城镇人口数量较快增长，但导致了城镇失业率增长更快。据 2015 年《中国统计年鉴》统计数据，2014 年城镇登记失业人数 952 万人，同比增长 2.81%。这类以失业率增长为代价的城镇人口集聚将会抑制国民经济增长，造成人力资本损失，形成居民心理创伤，对城镇社会稳定、城市治理等造成负面影响，亟须改革和完善城镇人口集聚思路、方法和策略。

（三）城镇基础设施建设尚需强化

城镇基础设施建设虽然需要政府大量财政支出，但其为城镇经济社会发展奠定了基础，其水平状况和服务能力直接决定着城镇发展质量和驱动能量。在传统简单追求规模扩张的城镇化建设过程中，我国城镇基础设施建设虽然在投资力度、建设规模等方面取得长足发展，但增速缓中趋降，总体处于减速态势，在实现居民安居乐业的城市内涝防治、供水安全、供气安全和交通运输等方面还存在一定差距，生活和出行的不便导致城镇人口集聚吸引力下降，大量的农村转移人口向城镇迁移意愿较低，致使城镇产业乃至经济社会发展所需劳动力缺乏，成为限制和阻碍城镇可持续发展的瓶颈。目前，城市排水系统建设不够完善，排水系统管理和服务效率低下，导致城镇内涝问题突出，造成巨额的经济社会效益损失。例如，2011 年 7 月，北京发生的城市内涝造成直接经济损失近百亿元。部分城镇供水编制存在规划不科学、饮用水水源保护不到位、水质安全预警监测水平低以及城市供水设施改造缺失等问题，导致饮用水水源达标率、工业用水保障率等有待进一步提高。在城镇供气安全保障方面，普遍存在供气能力不足、官网布局缺乏规划、调峰能力不足、储气和管理能力低下，导致城市燃气供应故障频发，严重降低了城镇居民和工业用气效率。城镇交通系统规划和建设缺乏整体发展战略，不仅不足以支撑城镇人口和机动交通工具的增长，而且不能满足产业发展对物流功能的需求，交通设施条件不足、道路容量低以及路网不畅等问题严重制约着城市交通服务功能的发挥，交通拥堵成为制约城市发展的诟病。

第八章

影响新型城镇化与产业集聚联动
发展不足的产业原因

新常态下，党的十八大报告在对我国当前经济社会发展高度分析、精准把握之时，指出坚持走"四化"同步发展道路。"四化"同步融合发展将为我国经济社会良性发展提供无穷动力，产城联动离不开"四化"的高度融合发展，城镇化通过与产业互动发展成为经济结构调整的重要依托，城镇化依靠城镇基础设施、公共服务和空间扩展，为人口、资源及产业集聚提供空间支撑和运行基础，依靠产业支撑，以产业发展创造和提供就业岗位吸纳农村富余劳动力就业，提升城镇经济发展能力。同时，随着城镇人口规模的增长，城镇就业、生产、生活等相关活动随之增长，对农产品、食品、基础设施、公共服务等各类消费需求也逐步增长，促进城镇扩大内需，扩大投资、拉动消费、改善城乡面貌，进而促进农业现代化发展。信息化通过在产业、企业等经营管理过程中强化信息技术的应用，提升产业和企业特别是制造业智能化水平、综合服务水平，促进工业化发展。而工业化发展过程中，需要人口和生产要素向城镇集聚，为产业提供支撑，形成城镇空间功能与产业结构匹配优化，进而促进产城良性联动。同时，第二产业特别是制造业、高新技术产业在为经济社会提供经济价值支撑的同时，通过改革创新为信息技术研究开发和信息技术应用提供了广阔的市场机遇，进而促进信息化发展。

在传统的城镇化进程中，城镇产业型新区功能单一，只起到简单的粗放式集聚产业，忽视对产业集聚发展服务相关功能的建设及提升，导致产业集聚区产业与城镇功能脱节，达不到产城互动成效。同时，集聚产业自身粗放式发展，单纯注重规模扩张，忽视自身素质提升，致使产业自身功能难以完善。因此，在产业集聚区建设过程中，除了突出集聚区产业聚集功能外，还综合规划和考虑了产业布局、交通、生活服务设施（学校、商场、医院等）配套、商品房开发等诸多功能，实现产城融合和产城一体。但在新型城镇化战略思维下，"产城一体"绝不是简单的"产城一起"，而是以产业为基础，在推进城市化的过程中，推进现代服务业的快速发展态势，以满足不断涌入的城市人口工作、学习、娱乐等需要。同时，产业发展又推动城市形态加快形成，产业和城市相互融合、相互促进、相互依托，从而推动整个区域经济社会的发展。

当前，政府所追求的产城一体化与产城融合发展，是基于城镇服务产业、产业支撑城镇、城镇与产业共同发展。一是产业集聚区作为产业集聚的空间载体，在支撑产业良性发展的同时促进城市功能完善，实现城镇与产业同步完善、共同进步，形成产城相互支撑、优势互补、相互协作，将产业集聚区发展成为城镇服务产业功能完整的经济特区，为城镇扶持产业良性发展的优质平台，创造高质高效的经济社会价值，提升城镇和产业经济社会活力和竞争力。二是集聚区需要相关配套服务业的支撑，而这些相关服务业需要依据城镇和产业整体发展规划进行甄选和布局，完善和发展对符合城镇发展定位，对集聚区产业支撑作用强，同时又能充分实现和发挥城镇服务产业功能的服务业，特别是符合城镇和产业未来发展需求，具有前瞻性和先进性的相关配套服务业应优先发展，做好着眼于未来的建设布局。三是产业集聚区能够在功能发挥方面与原城区有机结合，实现互通互融，产业集聚区既能缓解原有城区的环境污染、人员密集、交通拥堵、服务滞后压力，为原城区实现政治经济发达、人口规模适度、空间结构开放、生活宜居、生态文明等特征的现代都市提供有力支撑，提升城镇空间、人力、资金及服务等扶持产业能力，实现产城双向良性互动。

目前，产业集聚区已成为区域经济改革创新的示范区，不仅在稳增长、调结构、转方式、惠民生等方面发挥了重要作用，对经济社会发展产生重大影响，而且还为产城互动提供了重要基础，完善了城镇经济发展的人才支撑、经济实力支撑，为区域经济乃至全国经济发展提供了动力。但是，由于受诸多主客观因素影响，产业集聚区还存在管理体制僵化、配套设施不完善、集聚产业优势发挥不足等问题，严重阻碍着产城互动效能发挥。本部分即是探讨产城联动过程中的产业集聚所存在的一些主要问题和影响因素。

第一节 产业集聚发展质量有待提升

产城联动或产城融合的根本宗旨即是改变传统城镇化过程中的人口城市化压力大、社会服务设施与城市基本功能薄弱、产城互动不够的弊端，以城促产、以产兴城。

产城联动的重点即是强调在追求城市化发展过程中，以产业集聚区作为经济发展的引擎，同时依托先进制造业或第二产业的优势，重点发展配套服务为重点的生产性服务业，同时，加快发展管理服务、技术服务、品牌教育和特色医疗等城市现代服务业，以先进的管理理念、技术改造和技术创新努力推动产业结构转型升级，以工业化、信息化同步发展支持产业集聚区建设，从政策扶持、人才支持、金融和技术服务等方面构建现代城镇体系，并实现城镇化与产业集聚发展有机结合，形成二者的融合互动机制，提升产城联动效率。但目前，人们还存在对产城互动的理解偏差，还存在将"产城一体"简单理解为"产城一起"。

一、产业集聚受行政区划的影响较大

产城互动过程中产业集聚发展，并不是某一城市的单纯任务，而是涉及不同行政区划（市、县）的跨行政区划的经济共同体，它是以城市为主体，以产业链为纽带，涉及市、县、乡（镇）、村等各种类型的行政区划，涉及不同的利益主体。由于行政区利益的需求不同，致使产城联动过程中给产业集聚带来不容忽视的问题。

（一）地区专业化分工体系形成受阻

行政区经济固有的行政性与封闭性使生产要素不能在产业和地区之间有效流动，导致本区域产业生产环节内部化，无法通过价值链的衔接形成产业之间专业化分工协作网络，直接阻碍了产业链延伸，难以形成产业分工合作体系、知识外溢和创新网络，降低了产业集聚效应。

（二）跨区域产业集聚带难以培育

产业集聚的形成往往基于区域优势和产业自身特点，从构建和完善产业链角度出发，同产业不同节点的不同企业为充分发挥协同合作效能，集聚在一起以实现共同发展。这需要地方政府的推动、支持与培育。但客观的行政区经济所引发的诸侯经济，往往会阻碍这种跨区域的产业集聚的联合培育机制的形成或真正落实，致使跨区域产业集聚链条或集聚带难以培育。

（三）重复建设约束缺乏有效措施

目前，行政区划的分割性往往会产生重复建设，进而导致不同区域产业结构趋同。虽然在国家级经济功能区建设过程中，充分考虑到这个问题，但在各级地方政府为了维护自身的局部利益，具体落实过程中，这种"本位主义"驱动下的产业重复建设的约束仍缺乏有效的监督。

二、产业优势互补有待加强

在产城联动过程中，产业集聚区要真正发挥经济与民生、产业与城市、工业与现代服务业的协调发展，促进产业在资源、技术等方面的优势互相结合是打造特色产业集群的关键。但目前，产城联动过程中仍存在产业优势互补不强的困境。从产业势能发挥角度来说，产业优势（产业势能）＝要素差异度＋要素联系度。只有要素差异度大且要素联系度大的条件下，才能产生互补的产业优势（产业势能），否则任何一方的不足都将弱化产业互补的效果。

（一）资源优势互补不明显

由于我国区域经济发展不平衡的客观原因，使得各地产业集聚发展过程中，政府对基础设施建设的扶持力度不一，在土地资源、空间资源与环境资源以及道路、水、电、通信等支持存在多方面不足。同时，不同区域在金融、法律法规、信息服务、商务活动、咨询培训、物流等为产业集群企业合作创新的支撑作用还存在严重不足，致使优势资源协同仍存在一些制度与非制度性障碍，影响了区域产业集群资源优势互补效果。

（二）技术优势缺乏有机联系

技术创新是产业融合的内在驱动力。技术创新开发出了替代性或关联性的技术、工艺和产品，通过渗透扩散融合到其他产业之中，从而改变了原有产业的产品或服务的技术路线，改变了原有产业的生产成本函数，从而为产业融合提供了动力。同时，技术创新改变了市场的需求特征，给原有产业的产品带来了新的市场需求，从而为产业融合提供了市场空间。目前，各地产业集群发展过程中，由于地区经济发展水平、劳动力素质、教育水平以及外部技术转移等方面的差异，致使各地的产业技术水平参差不齐，各类技术平台在不同地区的产业投入、创新方向和投入定位存在差异，致使产业集群不同技术平台的融合受地区经济发展水平和政策环境的严重制约，影响了技术的优势互补。

（三）空间集聚优势未能得到有效发挥

企业集群的存续与发展从要素的空间分布来理解就是要素集聚与扩散的过程。产业空间集聚所引发的产业区域间和产业内的集聚是由初始条件和后天条件决定的。区域间非均衡集聚主要源于各区域不同的特色，如自然资源、地理位置、政策优势等；产业内的集聚则源于各地相对具有比较优势的产业，从而形成具有特色的生产结构。这些初始条件与后天条件的差异引起产业的横向空间集聚与纵向空间集聚存在不同特点。由于行政区经济的客观存在，以及地区经济发展不平衡、资源与技术不平衡等条件的客观存在，区域产业集群在横向与纵向的空间集聚优势往往受到区位、经济、政策及政府服务能力等方面的严重影响，制约了空间集聚的优势发挥。

三、战略性新兴产业有待壮大

随着国家提出大力发展战略性新兴产业的政策以来，各地加大了对战略性新兴产业的培育，但也面临着区域间同质化竞争和低水平重复建设等严重问题。

（一）"内生型"战略性新兴产业发展力度不足

在一定的区域范围内，凭借当地区域资源禀赋及其优势，或借助区域外部协作，通过相应的扶持政策和优惠措施，鼓励和吸引本地企业发挥区域优势、协同合作效能，实现产业转型升级。在鼓励和支持加大政府、社会和企业的投资力度，扩大企业乃至产业生产规模的同时，引进和使用先进技术，完善企业内部管理机制，提升企业自身发展能力和竞争力的同时，完善政府对企业的管理体制，为产业发展提供良好的软环境，促进产业集聚发展，形成内生型战略性新兴产业。也就是说，战略性新兴产业的企业基于某地或某区域的某种资源优势而自发集聚，在政府的推动与支持下集群发展。其所具备的条件，一是具有独特的自然资源，这是内生型战略性新兴产业发展的根基，独特的自然资源在空间上的不完全流动性是内生型战略性新兴产业产生的根本原因；二是拥有大型的龙头企业，它依托当地独特自然资源，有能力形成产业特色鲜明、上下关联度大、技术水平高的产业集群，在有效分工协作基础上，以产业链为依托，形成特色鲜明的企业群。目前，各地在内生型战略性新兴产业形成条件上存在差异，有些地方自然资源特色明显，龙头企业规模较小，由此培育难度较大。

（二）"植入型"战略性新兴产业有待消化

"植入型"战略性新兴产业可以分为"技术引进型""引智型""招商引资型"三种模式。"技术引进型"主要是引进战略性新兴产业国内外应用或研究比较成熟，能够促进产业转型升级的、先进的经营管理技术，同时又是本地的战略新兴产业缺乏的、适应性强、实用效率高的核心技术，通过对该技术的学习消化、改革创新，对产业管理理念、发展方式、从业人员能力以及生产模式加以提升和改进，以提高和完善战略性新兴产业与该项技术的适应度、结合度和融合度，实现产业与技术的无缝对接，以产业促进技术的改革创新，以技术促进产业更新换代和转型升级。"引智型"主要是通过引进战略性新兴产业的核心领军人才，借助其带回一批先进的、适应经济社会发展需要的核心技术、核心专利或管理经验，以领军人才为中心，凭借其先进技术或管理经验推广应用、深度开发和改革创新，培育技术创新团队或管理团队，创造或培育拥有自主知识产权、提升和带动新兴产业发展的高端项目或产品，进而打造培育高科技企业或高端管理咨询公司，促进和带动相应新兴产业的发展成长，甚至带动整体产业的转型升级。"招商引资型"主要是通过相关政策扶持和资源支撑，吸引国内外优势企业的直接投资，引进和利用国内外先进的经营管理技术和资金促进和带动区域战略性新兴产业发展。但是，由于我国各地的资源、劳动力等产业基础发展不平衡，有些还相对比较薄弱，新兴产业发展也不足，各地虽然积极引进和创新发展"植入型"战略性新兴产业，但管理体系的缺陷、技术的不适应和招商引资的盲目性，导致区域产业消化利用先进管理理念和新技术的能力不足，产业内企业协同合作效能得不到充分发挥，影响和降低了产业集聚效能、综合扩散效应，也极大地削弱了产业对城镇的支撑能力。

（三）前瞻性战略性新兴产业培育不积极

前瞻性战略性新兴产业主要从经济社会发展的未来出发，着重选择能够提升经济社会发展效能、适应未来发展需求的知识应用能力强的知识密集型产业和技术应用性强的技术密集型产业，突破对知识和技术传统利用需求，着眼于能够影响产业未来发展趋势和业态的前瞻性、引领性的知识和技术研发应用，引进和使用高端专业化知识和技术人才。可见，前瞻性战略性新兴产业的成长条件要求极高。由于我国前瞻性战略性新兴产业培育和发展起步较晚，前瞻性战略性新兴产业发展基础相对薄弱，相关支持政策、服务基础设施、高端人才和技术、市场环境等软硬件储备相当稀少，甚至有些还存在空白，为完善前瞻性战略性新兴产业发展基础，尚需大量的人力、物力和财力的投入，甚至还存在政策、资金、人才、市场等风险而导致发展失败，不是所有地区均有条件能够培育成功的。因此，我国各地对前瞻性战略性新兴产业发展培育不积极，相关服务基础设施、人才引进和培养、技术引进和开发以及市场开发等投入力度弱，招商引资发展前瞻性战略性新兴产业严重缺失，忽视与传统产业融合与协作，基地型项目开发和建设严重不足。面临着第三次工业革命的机遇，互联网和新材料、新能源相结合已成为引领世界潮流的新经济发展范式，我国必须强化前瞻性战略性新兴产业的培育和发展。

四、服务经济产业发展不足

在服务经济时代，人力资本成为基本要素，土地和机器的重要性都大大下降了，人力资本成为经济增长的主要来源。服务经济的范畴包括以企业为主发挥职能的社会服务，如物流、金融、邮政、电信、运输、旅游、体育、商贸、餐饮、物业、信息、文化等行业服务，以及以政府事业单位等为主发挥职能的公共服务，如教育、医疗卫生、人口和计划生育、社会保障。

现代服务经济产生于工业化高度发展的阶段，是依托信息技术和现代管理理念而发展起来的，现代服务经济的发达程度已经成为衡量区域现代化、国防化和竞争力的重要标志之一，是区域经济新的极具潜力的增长点。它是我国正在进行的产业结构调整升级的主要途径，关系到未来经济发展的走向与创新，具有十分重要的战略意义。2006 年，我国确定了中国服务业发展总体方向和基本思路。进入 2009 年，国际金融危机持续扩散蔓延，世界经济急剧下降，国外需求大幅减弱。面对相对艰难的内外部经济发展环境，必须大力推进经济结构战略性调整，加快发展现代服务业。

由于城市在人才状况、产业基础、地理位置、基础设施和城市环境等方面具有独特的产业位势，因此，城市的总体位势成为政府决策部门制定服务发展战略的根本出发点。虽然"十二五"规划促进了服务业发展，但从产业集聚来说，我国服务经济发展还存在一些不足，在服务业发展深度（市场化、社会化），尤其在信息化、知识化、国际化、全球化方面与社会经济转型升级、产业结构优化调整和转型升级还存在较大差距。

（一）服务经济产业整体规模增长缓慢

我国服务业整体发展滞后于经济社会发展需求，存在服务经济规模、发展水平、企业数量、生产总值、发展业态等严重滞后问题。长期以来，我国服务业特别是生产性服务业企业严重缺乏，对产业整体发展支撑力度弱；服务业增加值占 GDP 比重偏低，远远低于世界平均水平，甚至低于低收入国家，不能有效形成服务业吸纳劳动力就业功能，特别是吸纳农村转移人口就业率严重偏低，导致以服务业为主的第三产业发展缓慢，致使经济结构、产业结构调整转型滞后，阻碍产城联动。同时，我国服务业劳动生产率相对低下，发展业态也以旅游、社会服务和交通运输等传统态势为主，缺乏信息服务、咨询服务、技术服务，特别是缺乏基于物联网、云计算、大数据形成的现代服务业态。服务经济产业整体发展缓慢，导致城镇其他产业缺乏相应服务产业支撑，严重制约着我国经济社会发展质量和速度，降低了我国产业参与全球化、国际化经营和产业承接转移能力，削弱了产城联动动力和效率。

服务经济发展存在的问题，不仅影响和制约着服务业自身发展，而且服务业对经济增长的促进潜力尚待挖掘，拉动作用还没有发挥出来，特别是生产性服务业的贫乏，导致服务业对三次产业支撑力大大降低，特别是制造业因缺乏生产性服务业支撑更新换代、转型升级缓慢，制约着第二产业的发展，无法实现三次产业的良性互动，经济增长缺乏质量和效率。

（二）社会资源在服务经济产业配置效率低

实现资源的优化配置，是经济社会发展的基本要求，将资源配置到能够提升使用效率的产业或行业，也是三次产业良性发展的基本支撑。长期以来，我国的服务经济产业发展都没有得到足够的重视，不仅发展方式粗放，质量效益较差，发展缓慢，而且在发展重点上，集中于旅游、餐饮等传统服务业，生产效率低下，产业服务效应严重不足，而产业服务效能高、辐射效应强和生产效率高的现代服务业，特别是生产性服务业发展相对滞后。在市场机制调节下，社会资源流向生产效率高的领域，在服务经济产业配置效率低，导致服务经济产业发展缓慢，困难重重，转型升级缺乏支撑。同时，我国的传统服务业发展长期处在垄断或政府行政管制体制之下，服务经济产业投资建设、生产经营受政策影响较大，社会资源流入服务经济产业限制较高，导致社会资源自由流入服务经济产业困难，很大程度上降低了服务经济产业发展效率、发展规模和发展水平。

（三）服务业内部体制变革有待加快

服务业内部体制的局限性也严重制约着服务经济产业的发展，无法实现现代化、规模化乃至高级化、国际化发展。一定时期以来，我国服务业内部发展体制存在着管理机制僵化、投资机制市场化不足、结构布局不合理等问题，严重阻碍着服务经济产业发展。在管理机制方面，还没有完全突破传统计划经济影响，还存在突出指令性、计划性管理现象，行政审批繁杂，审批范围限制宽泛，社会资源运用限制较多，严重制约着服务经济产业市场化运行步伐，阻碍着服务经济产业规模化和现代化发展。在投资机制方面，社会资本投资门槛限制较高，市场化投资运行机制缺乏，导致服务业经济产业投资渠道单一、投资力度偏低，制约着服务业经济产业的发展。在结构布局方面，缺乏基于市场需求的前瞻性规划，导致不同区域、不同城镇服务业结构布局雷同，即使是同一区域、同一城镇服务业结构布局也雷同，致使服务经济产业重复建设严重，低端服务产业无序增长，造成现代服务业发展不足。

在服务经济的内部体制改革方面，各地主要侧重于产品导向的大量人力资本、金融资本、土地资本投入，忽视提升服务业经济产业发展质量和效能投入，特别是管理、信息、技术、节能减排的建设投入，导致服务业经济产业粗放式扩张，提质增效能力、生态环境维护能力不足，造成大量的资源浪费。而且，服务业经济产业投资侧重于传统服务业态投资，忽视对三次产业支持性高的生产性服务业的投资建设，特别是专业性服务业、高新服务业、信息服务业和现代物流业等投资建设严重不足，不仅制约着服务业经济产业升级转型、做强做大，而且降低了服务业经济产业对其他产业的支撑效能，导致服务业经济产业市场需求不足，成为制约服务业经济产业发展的瓶颈。

（四）服务业扩大开放的基础薄弱

由于我国长期以来忽视发展服务业，特别是追求经济快速增长时期，侧重于第二产业特别是制造业发展壮大，服务业发展支持力度一度降低，导致服务业基础薄弱，区域经营、封闭经营尚未打破，服务市场对内对外开放均不足，服务方式着重于传统态势的交通运输、社会服务，忽视为产业服务，服务质量和服务水平不高，同质经营、内耗严重，致使服务业竞争力弱，特别是服务业国际竞争力不足。服务业的逐步开放是我国加入世界贸易组织（WTO）后的一个承诺，我国的服务业开放是渐进过程，对一些行业保留必要的保护，符合国际通行做法。对于外资企业进入中国服务市场，应从我国实际出发，维护国家安全，保障政治文化符合我国要求，同时又能促进我国经济社会发展，特别是能够促进我国薄弱产业和企业发展。对夯实我国产业发展基础的外资企业，应大力和优先引进，实施国民待遇，并相应地给予政策扶持、税收优惠、土地供应等支持。逐步开放是互动的过程，不是敞开大门，大家都进来，也就是说，外商的盈利动机和竞争优势要建立在了解中国市场和政策规定的基础上。

第二节　产业集聚发展服务机制有待完善

一、生产要素市场培育不足

（一）生产要素市场培育不足的原因分析

由于我国全面实施社会主义市场经济体制的时间不长，各地在产城联动过程中对产业集聚所需要的生产要素市场的培育方面仍受到许多制约。首先是对市场的认识不全面。市场不是一个简单的商品交换的场所，它应是有效的资源配置方式。缺乏竞争机制、自由价格机制及风险机制的市场，只能是一个"呆滞"的市场。其次是市场体制不顺。生产要素市场未从行政主管部门的襁褓中剥离出来，市场仍包裹在行政部门中，不仅政企不分、政事不分，而且市场有行政级别，市场间有级别差异，市场管理者不研究如何完善市场服务功能，却热衷于市场级别上相互攀比，束缚了市场发展。最后，市场主体不成熟，对要素进入市场自由买卖存在心理或政策障碍，同时，市场主体在遵守法律法规和平等竞争的观念存在差异，缺乏自我保护意识，不遵守合同、故意侵害竞争对手等行政违法行为普遍存在。

（二）生产要素市场培育不足的主要特征

1. 劳动力市场有待完善。尽管劳动力市场能够为产城联动发展提供劳动力支持，但是劳动力市场的不足同样会造成产城联动发展的劳动力瓶颈。当前，我国劳动力市场还存在市场机制不健全、劳动力质量有待提升、劳动力供求关系不平衡、劳动力价格机制和劳动力交易机制不完善、市场化不足等问题，宏观调控落实不到位，所得税等财税政策调节力度不足，导致劳动力所得与付出不匹配。在劳动力供求机制方面，劳动力供给渠道狭窄，供给流动性不强，供给信息化管理不足，导致劳动力供给统计、计量和分析困难；劳动力需求趋向紊乱，针对劳动力供给性不足，需求信息化管理不足，导致劳动力需求统计、计量和分析困难，无法形成劳动力供需动态平衡，劳动力供给和需求常常出现断裂。在劳动力竞争机制方面，劳动力择业和就业还有不同程度的性别歧视、身体缺欠歧视等现象，导致劳动力不能展开公平择业竞争。在业竞争方面还存在"劳动合同"缺失、任意解除劳动关系等诸多不足与障碍，导致就业者在业竞争处于弱势。劳动力市场存在的这些问题，导致劳动力市场不能满足提升劳动力的职业技能、知识结构、身体素质等素质水平和收入水平的需求，特别是不能满足产城联动所需劳动力素质的培育和提升，导致产城联动的劳动力不足，"民工荒""用工荒"成为普遍问题。

2. 金融市场失衡因素破除不充分。金融市场导致产城联动不足的主要原因在于金融政策的全国统一性。如货币政策调控方向、利率政策、法定存款准备金率以及市场准入、公开市场操作和金融监管上均是统一模式与办事规则，忽视东、中、西不同地区的社会经济发展阶段的差异。目前，我国在运用市场经济"看不见的手"来引导金融资源的市场配置的方法推进全国金融市场改革，取得了很大的成绩，但在区域金融市场政策制定与落实上明显滞后。由于地方保护主义、劳动力自由流动限制以及信息不对称等因素的存在，致使有些地方的市场微观主体的有限理性行为，实际上又阻碍了市场经济对金融资源有效配置的自律性的发挥。因此，应在破除市场经济阻碍因素的同时，积极促进我国区域金融市场的培育与支持。

3. 技术市场尚待发展。科学技术的应用对经济社会发展能够起到巨大的推动作用，甚至直接影响和决定经济社会发展方向和进步程度，世界各国都非常重视技术研发和技术应用，旨在形成完善的先进的技术服务体系。通过多年的发展，我国的科技取得了一定发展，形成初步的技术市场，技术政策法规、技术交易和技术监管体系已初具规模，技术在经济社会发展过程中的应用成效日益显现。但是，我国的技术市场还不够完善，存在诸多缺陷，主要体现在技术研发体系、技术应用体系、自主创新体系等方面还存在一定程度的体制障碍；研发结构不合理，先进技术特别是高端技术研发占比较低；研发投入渠道贫乏，资金相对缺乏，研发投资风险防范机制尚未建立，在一定程度上限制了技术研发成效。在技术应用体系方面，技术应用形式单一，技术培训和技术入股等方面还存在一些机制和体制障碍，需要各地坚持改革创新；应用监管不到位，特别是知识产权保护力度不足，导致技术应用乱象不断，技术应用诉讼频繁发生，降低了技术应用成效。

4. 信息市场发展不平衡。虽然我国的信息市场得到一定程度的发展，在经济社会发展过程中发挥着不可替代的作用，但是，我国区域间信息化建设不足，信息市场培育不平衡，信息商品化、市场化严重贫乏，信息交互功能没有得到充分发挥，致使区域信息协同合作明显不够，导致对新型城镇化和产业集聚区域间发展创新驱动力不足。新常态下，亟须大力发展信息市场，促进信息在区域空间无缝对接，充分发挥信息化功能。

（1）信息市场管理机制尚需完善。信息市场建设涉及面广泛，既有经济方面主体参与，又有社会方面主体参与。而信息市场管理机制建设没有统筹协调各主体职能，不仅建设主体不明确，也缺乏统一的权威性管理部门，致使信息市场建设混乱，重复建设、分割建设现象严重，不仅给信息市场管理造成极大困难，而且增加了信息使用主体的信息使用成本，降低了信息使用主体经营管理效率。同时，因缺乏信息化建设、信息市场的全国性整体规划、统一的建设标准及运营规范，导致全国信息市场建设水平低下，信息市场区域、行政分割现象严重，无法实现信息资源共享，不能充分发挥信息化促进经济社会发展的效能。

（2）信息流通渠道不畅通。我国的信息化基础设施建设、全国性信息库建设、信息技术研发与应用、信息质量和效率等方面的欠缺，特别是专业化信息库的贫乏，导致我国信息流通渠道不通畅，特别是信息使用的"最后一公里"问题短板严重，致使信息使用瓶颈突出，导致信息使用主体对信息采集、传递出现断层，信息得不到充分利用。同时，信息库区域开放、空间开放程度还存在较大不足，特别是受区域局部利益的驱使，人为阻断信息区域传递、区域使用频发，不仅限制了信息资源共享，而且还降低了信息使用效率，阻碍信息流通，甚至出现信息闲置浪费现象，造成大量的人力、物力和财力的浪费。

（3）对国际信息市场的开发不够。信息市场的发展不仅仅局限于区域信息的开发利用，在当前经济发展全球化开放的背景下，区域内外甚至国内外信息交互更加深化，这就需要充分开发利用国内外两种信息资源和两个信息市场。而我国不仅在国内信息资源开发利用方面尚待完善，在对国际信息开发利用方面还存在更大缺陷。国际信息资源开发利用不充分，国际市场需求、技术应用、经营限制、经济合作等方面信息了解和把握不及时，导致产业集聚发展过程中无法及时掌握国际市场变化态势，影响了我国企业对外贸易合作，阻碍和限制了我国经济社会对外开放。

二、科技创新项目成果转化机制功能弱

科技创新项目成果的转化，是指为提高生产力水平而对科学研究与技术开发所产生的具有实用价值的科技成果所进行的后续试验、开发、应用、推广直至形成新产品、新工艺、新材料，发展新产业等活动。但是，我国科技创新项目大多停留在科研机构的"研究成果"层面，没有与企业发展有机结合，产生项目应有的转化价值。从产业发展角度来说，科技创新项目成果转化功能弱，主要体现在以下几个方面：

（一）政府扶持政策相对滞后

当前，政府扶持科技成果转化政策相对不足，科技成果转化应用主体提升技术承接能力扶持政策空白，技术转让法律法规体系尚不完善，特别是对科技成果转化应用主体的资金扶持、风险防范等政策缺乏，导致科技成果转化率低，科技成果应用成效不佳。政府有关部门应尽快制定有效的产业政策和相应的产业技术政策及产业结构政策，促使企业组织集团化，从而集中资金、人力和物力，发挥整体优势，提高技术开发，形成规模能力。

（二）企业推广动力不足

以科技进步为主的内涵式扩大再生产，还没有成为企业发展战略的主流。在市场经济条件下，企业的生存和发展本质上取决于企业的技术创新、吸纳科技成果能力和经营能力，而不是仅靠资金、人力的投入规模来实现量的扩张及效益的提高。

（三）高校及科研机构不积极

高等院校、科研院所等单位是科技成果的供给主体，但由于长期以来重研究、推理，重视成果的理论意义，忽视其应用价值的发挥，科技与经济相分离现象严重。

（四）中介服务机构不健全

科技中介主要有科技部和各地科委成果推广机构、技术成果交易会、技术商城、技术开发公司、大学科技园、创业园、孵化器、生产力促进中心等形式。自技术市场开放后，科技中介服务机构大量涌现。但是，我国科技中介服务机构发展还存在诸多不足，整体规模上还不能对经济社会发展形成足够的支撑。我国科技中介服务机构总体规模不足，即中介服务机构个体自身规模较小、自身经营不完善、服务能力偏低、服务方式单一，特别是针对集聚产业的科技中介服务机构严重不足，致使产业集聚发展缺乏充分的信息服务、管理咨询服务、人才培训服务、国际化经营服务，导致产业集聚发展不能实现提质增效，国际竞争力严重缺乏。不仅如此，科技中介服务机构还缺乏相应的政策与法律法规支撑、管理体制混乱，导致科技中介服务机构发展不平衡、服务范围狭窄、服务能力和服务质量偏低，不能有效地服务经济社会发展。

三、龙头企业辐射力培育不强

龙头企业辐射能力强弱取决于其自身结构的优化和科技进步的推进。目前，我国地方在推进产城联动过程中，各地龙头企业强大的综合能力还主要体现在硬件的规模上。为此，从产城联动角度看，在提升龙头企业自身强大集聚功能的同时，产城发展中应加强人口集聚和相关配套设备的完善，通过产业与城市服务的各种功能的完善，促进产业转型升级，做强"块状经济"，强化基础设施延伸和产业延伸，加强培育龙头企业的自主品牌，优化龙头企业现代流通体系。

四、区域品牌创建机制培育低

（一）区域品牌创建的影响因素

区域品牌创建及形成的影响因素很多，包括历史文化、地理优势、传统工艺、政治因素、区域管理、区域环境依赖等多种因素。但归纳起来，可分为区域性因素、产业性因素、品牌性因素三大类。

1. 区域性因素。影响区域品牌创建的区域性因素涉及面广，其中，区域软环境和硬环境是区域性因素的核心，是区域品牌建设的有力保障。政策、法律法规、管理体制、市场机制、金融体制、人才机制、公共服务以及人文地理风貌等方面形成区域的软环境；交通运输、信息、仓储物流、能源、城建等方面形成区域的硬环境。区域软环境常常为区域品牌建设提供方向性指导、提升人才、金融等公共服务支撑，保障区域品牌建设规范运行；区域硬环境为区域品牌建设提供对外开放、信息服务、信息传播，促进区域品牌影响力，进而提升区域城镇化建设、产业集聚发展增长动力。

2. 产业性因素。区域品牌建设往往以企业作为主要载体，以政府引导、企业主导和社会广泛参与，以及以产业内企业自身产品或服务优势为依托，充分利用区域优势，产业内企业进行分工协作、优势互补形成产业集群联合机制，进而打造具有区域乃至全国、国际影响力的城市品牌、产品品牌或服务品牌。因而，产业集聚区域内企业发展规模、企业优势、合作方式、发展质量、自主创新以及相关支持产业的优势发挥等方面因素将直接影响区域品牌的建设质量、影响力和竞争力，推动区域品牌的形成和发展。

3. 品牌性因素。品牌性因素主要包括区域品牌定位、包装、传播、形象塑造、推广以及品牌辐射带动作用等因素，其中有些是建设性因素，有些是服务性因素，分别能够促进区域品牌创建和提升区域品牌对城镇和产业支撑。品牌性因素有助于企业借助本区域的历史文化内涵建立清晰的区域品牌形象定位，以此塑造区域品牌的个性特色，提高品牌价值。品牌性因素对产品区域品牌的创建是必不可少的。

区域品牌建设涉及地方政府、龙头企业、工商行政、行业协会等主体。其中，政府的功能主要是抓好本区域的软、硬环境建设，为产品区域品牌的发展提供一个良好的内、外部环境，且在区域产品建设过程中给予企业一定的指导和政策支持。行业协会和龙头企业通过标准化生产，一方面不断优化配置自身的资源要素，使生产和流通的各个主体互相协作、共同发展；另一方面通过增加产业链，不断提高产业集聚度，获取规模效应，同时开展技术培训，与链条相关参与者建立利益共享、风险共担的产业化经营体系。

（二）区域品牌创建存在的问题

1. 特色产品地区分布结构不合理。受市场治理水平以及龙头企业创新驱动意识等因素的影响，我国产业的特色产品区域品牌虽有一定规模，但地区发展不平衡，产品结构不平均。各地特色产品盲目生产、特色雷同、结构单一等问题严重，严重影响了市场对特色产品的多层次、多样化、高品质的细分需求。

2. 区域品牌标志保护制度不完善。我国目前存在两套关于区域品牌标志保护制度，一是《商标法》规定的由国家工商总局登记的"集体商标"或"证明商标"，主要是针对申请对象商标注册、商标专有权、商标使用以及商标转让等程序做出相应监管保护规定；二是《地理标志产品保护规定》，其与《商标法》保护对象上有较大区别，主要是对满足条件的地理标志产品注册、监管和保护。这两套保护制度虽然监管和保护对象上各有侧重，但往往在针对同一对象的注册管理权、职权分工上有巨大差异，会造成职责不明、重复保护现象，导致企业无所适从。特别是区域品牌常常突出区域特色，既有商标注册需求，同时又有地方地理标志，在这两套区域品牌标志保护制度下，经营运作明显受到限制。

3. 质量标准体系不健全。产业集聚涉及的产品往往很多，而我国目前缺乏统一和权威性的产品标准体系、检验检测体系和质量认证体系。既有国家层面标准体系，又有地方性标准体系，并且地方从区域局部利益出发，为了保护本地品牌，加大了对区域外部产品质量的限制，导致区域品牌跨区域经营困难。同时，由于我国质量管理起步较晚，质量标准体系在实施过程中，操作流程、检验方法、技术标准相对落后，法律法规建设严重贫乏，致使质量管理标准化、规范化和国际化不足，导致我国的质量控制、质量维护和质量管理跟不上经济社会发展步伐。

4. 龙头企业与专业合作组织力量薄弱。各地在推进区域品牌建设过程中，虽然建立了许多行业协会，以帮助会员企业提供市场行情、技术培训、业务指导、咨询交流等服务，但由于企业与行业协会之间缺乏利益共享、风险共担的运行机制，致使行业协会往往难以形成规模，资金实力小，签约可信度低，违约承担赔偿的能力和抗风险能力有限。

5. 区域品牌的主体缺位。在区域品牌创建和形成过程中，需要一系列的品牌主体为品牌创建提供支撑，不仅需要一定的投资主体和创建主体，而且还需要相应主体对区域品牌实施维护和管理，才能促进区域品牌的良性发展。长期以来，我国区域品牌创建存在区域品牌的主体缺位问题，不仅缺乏区域品牌创建主体，而且区域品牌维护和管理主体更是严重不足。究其原因，一方面，区域品牌创建投入较高、技术支撑较复杂，一般的企业或个人无力独自承担投入成本，进而区域品牌创建意愿不强；另一方面，由于品牌保护政策、法律法规等严重缺乏，没有形成完整的品牌保护体系，导致打击假冒品牌、破坏品牌、制假售假行为力度严重不足，造成品牌维护与管理混乱，很大程度上降低了区域品牌的收益率，致使区域品牌创建、维护与管理意愿不强，造成区域品牌主体严重缺位。

6. 产业集群与区域品牌互动不紧密。国内外区域品牌发展经验表明，区域品牌与产业集群互动协同、相互支撑是提升和促进产业集群发展水平、发展质量的重要方式之一。但是，我国的产业集群发展着重于产业集聚跑马圈地，实现粗放式的产业集群规模扩张，忽视区域品牌创建，导致产业集群外部影响力、竞争力不足，产业集群内部分工协作、企业间协作配套不强，集群生产、加工、销售一体化程度较低，科研成果与产业集群的发展衔接不紧密，龙头企业辐射能力有限等，这些都严重阻碍了区域品牌的创建。

7. 区域软、硬环境不完善。完善区域软、硬环境是区域品牌建设的有力保障，目前，区域软、硬环境短板体现在以下两方面。

（1）区域软环境需要提升。在营造区域经济发展软环境方面，我国产业集群发展虽然进行了一定程度的总体规划，但区域分割规划、独自作战现象严重，特别是缺乏体现区域特色、提升区域衔接和合作乃至全国统筹一盘棋的总体规划问题，导致产业集聚培育重复建设，区域产业集群协同合作程度低，严重阻碍着区域产业集群发展。在区域品牌创建和发展的总体规划方面，不仅缺乏区域品牌的协同，而且品牌支持、品牌推广及品牌保护等政策和法律法规体系不完善，导致区域品牌知名度、美誉度和接受度不足。不仅如此，支持区域发展的资金运作、技术研发运用、人才培育与使用、商务服务、行业协会、信息市场及信息服务等体系发展与区域经济社会发展匹配度较低，导致区域经济软环境着重支撑产品经营，缺乏对品牌经营管理的支撑力度，致使区域经济发展增长力贫乏。

（2）区域基础设施不完备。区域品牌的形成离不开区域基础设施建设的支撑，交通、通信等基础设施有利于品牌效应的对外扩散，专业化市场基础设施能够促进区域品牌的形成，特别是品牌创建所需的专业化资源市场、人才市场等都为区域品牌创建形成关键支撑。但是，我国支撑区域品牌创建的基础设施不配套、不完善，专业化资源定价、交易等都存在不科学、不合理问题，致使区域品牌创建缺乏资源支撑，区域品牌创建的管理人才、专业技术人才市场建设不充分，导致区域品牌创建人才贫乏，严重降低了区域品牌创建效率和维护成效，致使区域经济发展缺乏区域品牌支撑。

8. 区域品牌营销和管理水平有待提高。区域品牌的创建离不开品牌管理和营销的支撑，需要结合品牌创建的内外部环境，特别是品牌创建主体的自身条件，进行品牌定位和品牌包装，赋予品牌符合经济社会发展需要的文化内涵，以提升品牌的社会承认和接受度。但是，我国区域品牌营销和管理水平还有待大幅度提高，品牌定位不准确、文化内涵不丰富导致市场接受程度不高；品牌设计及包装区分度不高，特别是系列品牌不易识别，造成品牌管理混乱。区域品牌营销不能实现区域突破，常常局限于本区域、本地区营销较充分，跨区域、跨地区品牌营销力度偏弱，甚至严重缺失，导致区域品牌知名度不高。

同时，区域品牌因营销和管理水平不足，特别是假冒伪劣产品的冲击，导致市场上劣质品驱逐优质品，致使区域品牌竞争力缺乏，特别是与国际相应品牌比较，竞争力严重缺失，阻碍和限制区域品牌国际化经营，在经济全球化、竞争全球化形势下，我国亟须从提升营销和管理水平着手，提高区域品牌国内和国际竞争力。

9. 区域品牌宣传不足，保护不够。目前，我国区域品牌在开发上重创建、轻培育现象严重。企业家往往缺乏战略眼光，狭隘地将身边的企业视为对手，恶性竞争，而不是共同创建和维护区域品牌。目前，品牌保护相关法律法规体系尚不完善，宣传、营销和运营行为不规范，特别是针对高端品牌宣传和保护的相关法律法规严重缺失，一旦发生品牌法律诉讼事件，品牌所有者即使获得胜诉，也因诉讼负面影响、诉讼时间成本导致诉讼主体形象受损，甚至品牌美誉度大幅降低，影响品牌效益。同时，由于区域品牌保护不力，在经济利益的驱动下，假冒特色区域品牌的行为防不胜防，在执行主体多样，无法形成合力的情况下，致使假冒品牌的打击效果不力，严重影响了区域品牌创建的积极性。

10. 区域品牌建设资金不足。许多企业在品牌建设中往往存在"一劳永逸""盲目模仿""搭便车"等思想，致使好的品牌虽然建设起来，但后续的维护资金不足，难以形成品牌优势，也就不能激发产业产品优势、市场优势和规模优势。

第三节　河南省产业集聚发展实证分析

近年来，产业集聚区建设已成为河南省构建现代产业体系的重要载体。据统计，河南省已经形成大大小小的产业集聚区 180 多个，不仅提升了中原区域经济发展质量和速度，而且对承接国家产业战略转移提供了重要支撑。而产业集聚发展受政府政策扶持、产业禀赋、区域经济发展水平及增长方式、区域资源等诸多因素影响，河南省产业集聚发展成效如何，尚需进一步探讨研究。本部分将利用主成分分析法对河南省产业集聚区发展进行实证研究，探寻河南省产业集聚发展现状。

一、主成分分析法简介

主成分分析法，其核心思想是研究变量产生的影响程度，对多变量进行降维压缩，从变量系统中筛选出最具价值、少数几个互非线性相关的新变量用于回归建模。其计算步骤为：首先，对所选择因素的原始数据通过标准化以消除不同变量解释变异，进而构建所选择变量因素标准化矩阵；其次，计算所选择变量的相关矩阵；再次，以相关矩阵计算研究变量的方差和累积贡献率；最后，综合评价主成分变量以探寻研究变量的影响程度。

二、河南省产业集聚评价指标选取

产业集聚发展受多种因素影响，不仅在于区域经济发展水平、各类生产要素，包括人员、设施、能源的配套情况，而且在于政策、资金、技术支持力度。由于还没有统一的和达成共识的产业集聚发展评价指标体系，政策、资金和技术的支持有利于推进产业集聚发展；产出状况和就业人员的规模能够较好地衡量产业集聚的经济效益和社会效益；电力等能源的应用是实现区域产业集聚所需的资源禀赋；基础设施为区域产业集聚发展提供公共服务，能够增强产业集聚的吸引力。因而，本节选取第二产业就业人口、规模以上工业企业用电量、科技投入、工业增加值、贷款余额、财政支出、产业集聚区个数和一般公共服务投资8个因素，分别以1~8标记，以2014年《河南统计年鉴》为数据来源，如表8-1所示，用主成分分析法来分析研究河南省的综合效应。

表8-1   基于主成分分析的河南省各省辖市产业集聚评价指标数据

省辖市	1 （万人）	2 （亿千瓦时）	3 （亿元）	4 （亿元）	5 （亿元）	6 （亿元）	7 （个）	8 （亿元）
郑州市	113.13	372.69	14.19	3066.78	10868.35	651.90	14	79.45
开封市	25.08	64.74	2.46	574.27	864.41	79.51	8	46.08
洛阳市	36.83	337.26	7.70	1438.30	2299.96	195.08	17	43.78
平顶山市	33.73	131.08	3.90	802.16	1242.31	93.81	10	33.50
安阳市	37.42	207.40	3.45	816.72	878.83	90.64	9	26.42
鹤壁市	16.53	34.78	1.48	422.12	438.34	54.97	4	10.33

续表

省辖市	1 （万人）	2 （亿千瓦时）	3 （亿元）	4 （亿元）	5 （亿元）	6 （亿元）	7 （个）	8 （亿元）
新乡市	46.66	130.87	2.67	856.10	1175.07	98.21	11	33.45
焦作市	28.55	186.02	2.62	1066.49	853.98	86.30	9	20.08
濮阳市	26.15	53.05	2.74	716.41	461.36	69.15	8	17.10
许昌市	26.72	77.77	2.60	1175.46	1166.20	63.85	8	35.52
漯河市	19.02	45.75	2.31	560.29	420.18	87.94	6	13.79
三门峡市	15.11	112.13	2.31	709.88	587.04	50.15	7	23.08
南阳市	44.20	168.94	5.27	1077.37	1552.53	129.82	13	50.85
商丘市	30.59	126.93	2.94	624.90	1007.19	112.95	11	35.93
信阳市	26.72	47.39	3.54	593.39	1107.74	45.25	15	54.52
周口市	33.72	37.77	5.02	832.82	818.34	55.28	11	43.66
驻马店市	34.01	70.36	3.13	606.48	939.35	72.53	12	39.96

资料来源：2014 年《河南统计年鉴》。

三、实证结果

第一步，用 X_1，X_2，…，X_8 分别表示 2014 年河南省第二产业就业人口、规模以上工业企业用电量、科技投入、工业增加值、贷款余额、财政支出、产业集聚区个数和一般公共服务投资 17 维向量，再由样本数据 X_1，X_2，…，X_8 构造 8×17 阶矩阵 I_1，并将矩阵 I_1 进行标准化得其标准化矩阵 Y_1。

第二步，通过矩阵 Y_1 计算河南省第二产业就业人口等变量 X_1，X_2，…，X_8 的相关矩阵 R_1。

第三步，再由矩阵 R_1 计算河南省第二产业就业人口等变量 X_1，X_2，…，X_8 的特征值及相应的特征向量。

第四步，计算出每个影响变量因素指标的方差及其累积贡献率，如表 8 - 2 所示。

表 8 - 2　　　　　　　　　方差及累积贡献率

成分	1	2	3	4	5	6	7	8
方差（%）	21.29	97.25	2.91	588.83	2366.41	137.49	3.26	16.67
累积贡献率（%）	28.26	43.65	56.33	63.59	72.39	79.95	88.52	100

四、结论与建议

（一）结论

从表 8-2 数据可以看出，在河南省产业集聚发展的多种影响因素中，虽然第二产业就业人口、规模以上工业企业用电量、科技投入和一般公共服务投资贡献率达到 10% 以上，在该领域的投资对河南省产业集聚发展有较高的推进效应，但是还具有一定的提升空间，尚需进一步完善相关扶持政策。而在工业增加值、贷款余额、财政支出、产业集聚区个数在促进产业集聚发展方面的投资效应落后，亟须解决相关扶持政策的科学规划和设计。这说明新型城镇化下产业集聚发展的政府组织行为、融资政策、税收政策和商业服务等优势不明显，商业服务行为还存在一定程度的不到位，信息系统架构、物流网络、销售渠道不完善，以致招商引资能力不足，基础设施建设与城镇化规模不够匹配，人才吸引力度不足，缺乏就地解决因城镇化而进城的农民就业规划和政策等问题。各级政府必须强化产业体系、空间布局及产业影响等方面的规划，完善品牌特色及美誉度等方面的规划与推广，提升产业协作和服务水平筹划等产业集聚政策支撑，克服现有集群盲目规划，努力构建城镇、人口、资源、产业和生态环境等相互促进的新型城镇化体系。

（二）建议

1. 突出产业集聚政策的产业关联和分工效用要求。各城镇的产业集聚政策应针对脱离城镇优势产业和产业集聚的关联度低的状况，加强和提升产业指向性、关联性和分工指导。在产业集聚区建设选址方面，应依据产业园区定位考虑劳动力类型、资源禀赋和区位特征等形成的区位优势作为重要指向标准，依据城镇区域内优势产业形成产业集聚区。在选择产业集聚区内进驻企业方面，既要注重提升产业效率，又要强化入驻企业的经济影响程度和就业带动能力。

2. 科学制定产业创新的扶持政策。在支持产业创新方面，各城镇应从土地使用、资金支持、税收财政、人才队伍、创新引导等方面加强政策支持。对技术创新、资金积累、企业协作等方面实行土地优先划拨、建立重点扶持资金、税收减免、税率调整、财政扶持、加大人才引进等措施。

3. 提升城镇人口集聚政策对产业集聚的支撑力度。随着新型城镇化建设和产业集聚发展，伴随着失地农民的规模和数量的急剧增加，他们也需要在人口集聚过程中融入城镇，参与和从事发展集聚产业的活动。这就要求政府出台相应的政策，通过城镇化发展扩大就业区位，产业集聚发展积极创造就业岗位；制定促进农民创业政策，以社会经济发展需求为导向，通过完善财政税收、资金扶持和创业环境等软硬件因素积极鼓励和引导有技术、有能力的农民自主创业；打破区域分割障碍，建立农民户籍管理体系、社会保障体系、区域流动体系、基础设施及社会服务体系等以解决进城农民的户籍、住房、就业、养老、医疗、教育等社会身份和社会保障问题，使他们充分融入城市，真正转化为市民，为产业集聚提供人口集聚支持。

4. 优化财政政策以支持产业集聚发展。在产业集聚区建设中，各级政府出台的财政政策应提高财政金融对产业集聚的支持力度，不仅要依靠国有商业银行等金融机构的参与，还要提高城乡民间资本参与程度和途径。同时，必须提高和盘活财政存量资金，以降低新型城镇化和产业集聚建设中政府债务风险。建立市场化的财政资金投资产业指导，拓宽财政存量资金的投资领域和范围；积极构建价格机制，采取税收和财政扶持等措施，增强项目对政府财政存量资金的吸引力；构建和完善政府财政存量资金支持体系，加强债务风险管理等以保障和激励财政存量资金支持产业集聚发展。

第四篇

对 策 篇

第九章

中国新型城镇化和产业集聚
政策良性联动对策创新

新型城镇化和产业集聚政策良性联动要充分体现以人为本、全面协调可持续的科学发展观要求。以市场机制为主导，大中小城市规模适度，城镇及产业布局合理、结构协调、产城互动，产业支撑力强，就业充分，生态文明进步，城乡一体化发展。为了实现新型城镇化建设与产业集聚政策良性互动，必须突破各类阻碍因素，根据本地资源和区位优势，依据本地经济、产业发展实际，以市场需求为契机，政府引导为抓手，不能用投资简单拉动新型城镇化建设和产业集聚发展，而应全方位、多角度研究探讨制定和完善新型城镇化与产业集聚发展良性互动体系，采取切实有效措施解决新型城镇化下产业集聚发展问题，形成科学、有机的产城良性互动机制。

第一节　正确处理改革中亟须解决的若干问题

随着政府改革的进一步推进，政府内部整合加速，各级政府职能也在一定程度上分离至市场和社会，政府效率也得到了一定程度的提升，理顺政府与市场、企业、社会组织关系等方面取得了极大的成效，社会治理能力日益提升，市场活力和社会创造力得以空前解放。但是，政府改革还存在诸多政府改革内驱动力不足、政府与市场关系不清、市场自身接收能力低等障碍因素，改革要取得突破、提高含金量必须扫清这些障碍。

一、系统具象地厘清政府与市场、社会之间的关系及其事务边界

长期以来，在界定和把握政府与市场、社会的关系方面主要是进行抽象的、概念的和逻辑性分析，缺乏具象的和实体的界定，导致政府改革呈现盲目、被动的效仿和公式化，缺乏针对性和实效性。而新型城镇化和产业集聚政策联动推进主体既包括各级政府，还包括企业和社会民众。政府主要承担总体规划、引导、协调和支持职责，而企业和社会民众是城镇设施和产业发展的最重要的推动主体。

厘清政府与市场、社会之间的关系主要体现在厘清政府、企业、社会组织的关系及其事务边界。在厘清政府与市场、社会之间的关系方面，依据政治学、经济学、社会学和公共管理学等相关理论学说，政府居行政主体地位，通过宏观调控主管市场秩序，市场居事务主体地位，决定资源配置。因此，从行政管理、社会管理、企业管理的客观规律和特定法则出发，确定政府在政务中的主体地位，主要负责制定维护和保障经济社会秩序的制度；市场通过调节供需变化，促进结构优化；企业在公平竞争条件下负责创造财富。在具体划分政府与市场、社会的事务边界方面，依据公共政策学、公共事业管理、宏观经济学和微观经济学等理论学说，从承载的使命、行使的权力、应得的利益三个方面，政府主要实施宏观调控、市场监管、社会管理、公共服务、环境保护等职能，对于市场准入等管理性事务、行业标准制定等专业性事务、管理咨询等服务性事务、质量监测等技术性事务，在政府与市场、企业之间作科学的、明确的、宏观与微观层面的区分和界定。

二、建立健全以法理为依据的政府权力运行体系

政府在推动新型城镇化和产业集聚的政策联动过程中主要职能是构建制度平台。政府应制定有利于农业转移人口市民化的政策，有利于资源、要素、产业向城镇集聚的政策，有利于城镇第二、第三产业良性发展的政策，有利于农业转移人口市民化就业政策和社会保障政策，为新型城镇化和产业集聚政策联动提供制度保障与激励。党的十八届三中全会明确提出推行政府权力清单制度，以清单方式进行清权、确权、放权，明确政府、市场和社会的权力规范以

及职能实施。

制定政府权力清单应以法理和法律授权为唯一和统一标准，并且随着国家法律、法规的调整，"权力清单"亦进行适时动态调整。各级政府保留以法理为本，又有法律依据和法律授权的规范性权力，也即有法律明文规定由政府所拥有和实施的权力，依法行政、依法理财。在强化法制机构、监察部门和相关机构协调配合审查、监督的前提下，适当保留和调整没有法理和法律依据，但以部门规章、地方性法规、红头文件为依据的与经济、社会和民生高度相关的亚规范性权力。完全下放除上述权力之外的非规范性权力，并强化法制机构、监察部门和相关机构的依法督察和惩治继续隐藏、保留没有任何法理和法律依据的非规范性权力的政府部门和个人力度。

政府不仅要行使一定权力，还要承担一定责任，同时，各级政府部门还存在职能交叉等情况。因此，一张权力清单还不足以提高政府效率，必须依据法理建立健全政府权力运行体系。建立外网门户网站，公开各级政府及其工作部门权力清单、责任清单、监管职责、交叉职能清单等，并建立健全政府社会服务管理中心，电子政务资源平台向基层延伸、向农村延伸，将所有适合网上运行的行政权力和公共服务事项统一纳入网上大厅办理，以提高政府效率。

三、增强各级政府主动改革的内在驱动力

执行政府职能转变的主体是中央和地方各级政府，同时，各级政府又是政府职能转变的客观对象，决定了各级政府是政府改革主客体的综合体。作为改革主体，各级政府为追求经济社会的良性发展，强势自我纠错、强效自我革新、强力自我净化等方面对各自职能加大了转变力度。而作为改革客体，各级政府还存在权力迷恋、维护自身利益等意识而进行有条件的、隐性的、选择性改革。如果政府改革客体的角色服从于改革主体的角色，政府将产生强烈的改革内生驱动力。反之，政府改革主体的角色屈服于改革客体的角色，必将降低甚至失去改革内生驱动力。

增强各级政府主动改革的内在驱动力，首先，引导和培育政府树立正确的改革观。从思想意识深处认识到对政府职能改革是经济社会发展需要，是提升政府效率的必要途径；政府所掌握的权力来自于民，植根于民，权力的本质是执政为民，勤政为民，权力之责是为民掌权，受民监督。其次，强化制度对政

府设置和行使权力的硬约束，利用制度约束政府改革客体的非自觉性和选择性。通过完善教育制度、监督制度、预防制度、惩戒制度等健全政府权力制度约束体系，增强制度的系统化、规范化。强化党内外民主参与制度，既要有上级部门的参与，也要有下级部门的参与，特别是提高基层民众在政府职能转变工作中的参与度，通过调查问卷、蹲点调研、实地察验、结对察访、登门请教、邀请座谈、开放征集等方式广泛征求意见，实现政府职能转变方案的科学性、合理性。强化政府职能转变公开透明化，接受各类监督主体的监督，通过政府网站、公告栏、新闻媒体等方式对社会公开，公开内容不仅仅是政府职能转变内容，还应包括转变依据；不仅要有公开渠道，还要有社会公众对政府职能转变的反馈渠道，让社会公众评判政府职能转变是否合理，转变依据是否充分、合理，以增强政府职能转变的准确性、可靠性。最后，建立健全政府全面履行职能考核机制。从简政放权、战略规划制定、市场监管、社会管理、环境保护等方面全面考核政府正确履行职能指标，重点加强政府用权行为和效应、对经济活动的引导和规范作用的考核，并将考核结果作为政府机构调整、干部选拔、任免和公务员晋升的重要依据，又要把考核结果作为监督政府和干部的重要措施。

四、政府转移给市场和社会的是组织功能不是行政权力

政府改革实践表明，"政府转移给市场和社会的是什么？"这个问题还没有被所有政府及其部门清醒认识，导致政府"一放就乱，一收就烂"，破坏了政府改革进程，政府最终转移给市场和社会的事项值得我们进一步思索。

首先，明确政府转移给市场和社会的是组织功能而不是行政权力。为了充分解放市场和社会组织活力，发挥市场机制调节功能，政府将原来由自身承载的能够由市场和社会自主决策、良性调节的组织功能转移给市场和社会管理，例如一些技术性、操作性、服务性的行业行为标准制定、行业质量标准制定、行业培训、行业咨询、质量监督检测等职能。其次，随着政府相应职能的转移，原来承载这些职能的行政权力相应取消，而非同时转移。随着市场和社会发展规律认识的日趋成熟，政府将原来自身承载的本应由市场和社会组织和治理的部分职能转移给市场和社会独立运作，由市场机制实现资源优化配置，政府不再行使相应的行政权力，只是给予相应的政策维护和保护。再次，市场和社会所承接的政府转移职能，应当遵循市场和社会管理规律来履行，不是依据

行政权力的行使来履行。通过引入市场机制，依据市场供求关系变化，调节营利性和非营利性组织生产经营活动，实现资源的高效配置。

五、培育和提升市场及社会主体的政府转移职能的接收能力

当前，市场和社会主体承接政府职能转移还处在初始阶段，自身建设不完善，导致其接收政府转移职能的能力还存在明显的内部管理能力低、自治自律不足、管理制度执行不力、目标宗旨偏移、人才资源贫乏等问题，致使市场和社会主体不能有效履行组织管理职能，政府无法实现职能的有效转移。

培育和提升市场及社会主体的政府转移职能的接收能力，首先，加快规范市场和社会主体接收政府转移职能的法律建设。从法律层面界定市场和社会主体的性质、地位、权利与义务、组织结构、财务制度等，并依据法律完善市场和社会主体改革，对其行为进行合理化、规范化。其次，培育和提升市场和社会主体综合治理、协同治理能力。通过采取积极措施提升市场和社会主体公共精神，激发其对公共事务的参与积极性；培育市场和社会主体的组织能力、规范执行能力、自我约束能力；从政策、技术和资金等方面支持市场和社会主体治理行为。最后，加强社会治理人才专业培养和专业培训，提升市场和社会治理工作人才队伍的培育与建设水平。通过强化与高等学校、科研院所合作，提高社会治理人才培养力度及水平，与社会培训机构等合作，提升社会治理人员素质，以提供充足的社会治理人才。

新常态下，只有厘清政府与市场、社会之间的关系及其事务边界，建立健全以法理为依据的政府权力运行体系，增强各级政府主动改革的内在驱动力，明确政府转移给市场和社会的内容，培育和提升市场及社会主体的接收能力，才能够适应我国经济社会发展转型的大背景，夯实我国经济社会稳定运行的重要基础。

第二节　强化新型城镇化和产业集聚联动政策统筹

一、加强政策制定和实施部门间的协调配合

在构建新型城镇化建设和产业集聚政策联动的协调配合机制方面，必须从

法律法规、标准体系方面进行保障和监督，坚持以关注民生为根本、以便民为民为宗旨、以经济建设为重点、以深化改革为目标、以强化责任为保障，从规范设立议事协调机构、完善协调配合制度、加强政府部门间协调配合的监督、加强政府部门间协调配合效能的分析评估等方面着力，加强协调机构的建立，从保障权威性、全局性、法治性出发，建立政府常务会议或市（县）长办公会议制度。同时，还要注意在避免过多、过滥地协调运作的基础上，加强协调程序制度的建设。首先，在科学明确各部门职责基础上，建立政府、城镇规划、土地、环保、工商、市场、人口、社会保障等部门的协调制度，以相关主体部门就相关事宜提出协调申请事项，牵头启动申请事项所涉及部门协调机制，由职责所属部门负责协调落实，并按该部门决策权限依据协调机制具体提出解决措施，同时向相关部门公开透明；如果该部门无决策权限的事项，则由该部门向有决策权限的上级部门提出启动协调机制申请。其次，在协调机制运作过程中，必须明确协调时效，避免时间延误；制定协调依据与标准，保障协调工作合法、合规，实现协调工作的政策、法律法规保障力度；建立协调相关法律法规体系建设，以制度、法律法规等明确和保障协调参与方应有的权利与义务，以保障协调工作的责任划分明晰，确保协调各方准确把握、行使和落实自身权利与义务，做到有针对性协助和实施相应解决措施，提高协调事项的解决效率；在解决问题过程中，执行主体责任指向明确，以确保后续对协调不力、执行不力等追责的可溯性。最后，为保障协调机制运作的有效性，必须明确所需协调解决的问题部门协调层级、协调方式，避免参与协调部门出现配合协调人无权限在协调中作出决策，导致部门间配合不力甚至消极作为。

二、加大土地集约节约利用统筹规划

新型城镇化建设和产业集聚发展，离不开大量城乡土地支撑，必须依据国家有关城乡土地节约集约利用相关政策和制度要求，进行城乡土地一体化统筹规划，既要保障新型城镇化建设和产业集聚发展对土地的有效需求，提高土地的支撑力和空间布局的影响作用，又要通过节约集约利用，提高独体空间容积率和承载率以提高土地的使用效率，将土地优化配置到社会、经济效益高的领域以提升土地的附加值，实现新型城镇建设、产业集聚发展和土地资源提质增效。

（一）做好农用地、建设用地和未利用地的规划使用

在严守基本农田、一般农田和非耕地红线的基础上，以土地整理开发宜耕后备土地资源，适当补充基本农田用地；以提升建设用地附加值为目标，合理控制新增建设用地规模，盘活城镇闲置低效土地，实行增量与存量相结合的优化建设用地规模和结构；实施保护生态环境的基础上，复垦旧村和工矿废弃地，科学合理地开发利用未用土地。

（二）强化农用地管制规划

在农用地用途管制方面，耕地要实行种粮专用，原则上不能改变耕地的用途。在基本农田使用过程中，不仅要加强耕地的使用，同时还要强化利用先进技术对土地地力的保护和培育，提高耕地的粮食产出率，确保国家粮食安全。国家规划拟建的重点建设项目要改变耕地作用时，应在市场机制下通过中央、地方政府、相关专家、区域居民等组成专业小组，在充分论证、分析比较耕地及其转化用途所能达到的整体效益基础上，项目选址经批准后许可占用基本农田，变更耕地为建设规划用地，其他任何单位和个人不得擅自改变和占用基本农田。对于农村非耕地，必须保障园林生产、畜牧渔业生产及各自必要的服务设施建设用地，在提升生态环境保护能力基础上，科学合规地进行非耕地内部结构调整，以提高生态环境质量为标准，适当保护林地、河滩、沼泽等自然生态调节系统。全面推进农用地利用效率、利用强度、市场配置程度、生态环境和储备资源等方面节约集约用地评价，建立对土地节约集约利用考核机制、农用地节约集约奖励机制，将考核结果纳入政府工作责任目标体系，加强考核结果与干部选用、任命和提拔挂钩力度，建立和加强政府、社会力量对农用地规划、开发利用、用途转变等全程监管，构建和畅通农用地管理举报渠道、追责机制及执法督察，降低和消除农用地乱用、乱转、荒废及闲置等现象，以保障农用地的节约集约利用。

（三）强化城乡建设用地管制规划

坚持控制总量，用好存量，严禁地方性建设用地占用耕地，特别是占用优质农地；保障和加强生活用地及其附属生活性基础服务设施建设，为城乡居民提供充足的生活、休闲空间和服务；增加生态用地保护，增强和提升生

态用地自我内生能力、恢复能力及生态环境优化能力等措施，严格控制建设用地总量增长。同时，在新增城乡建设用地规模逐步减少基础上，降低单位固定资产投资建设用地，大幅提升单位建设用地增值、增效，提高城镇新区平均容积率、土地优化配置率、空间立体建设率，以提高建设用地效益；加快城中村改造工作，提高土地效能；优化土地利用结构和布局，逐步减少工业用地，提升工业用地效益，增强产业用地反哺土地功能，适度增加生活和基础设施建设用地，创造城乡宜居环境，提升城乡居民生活品质；依据产业特征和城市空间功能，加强产业集聚与城镇用地的空间协同和功能匹配率。

（四）实施和完善对未利用土地开发利用规划建设

开发利用未利用土地规划，必须符合国家和地方土地利用总体规划，坚持规划与林业、环保、城镇、农业、旅游、文物保护等部门的协调配合，以充分发挥未利用土地资源优势。首先，全面分析测算未利用地开发潜力。未利用地是否适宜开发利用，主要从开发利用土地数量规模、质量层级、条件和空间分布、可开发利用取向、提供社会经济效益和生态环境保护贡献率等方面测评其开发潜力。其次，基于当前与长远利益关系，对开发投资估算和预测产生的社会经济效益比较分析。从地方承受能力、公众接受能力、资金保障、生态保护、土地利用结构和布局优化调整程度等方面与未利用土地开发利用对城镇化、产业集聚的土地节约集约利用以及改善城乡居民生产、生活条件和扩大就业等方面的效益分析。最后，加强未利用土地开发利用项目选择。在保护生态环境的前提下，应优先选择符合现行法律法规，符合相关规划，投资方向合理，基本控制指标合规，有利于发挥未利用土地资源优势的项目，对水资源缺乏、无保障的未开发利用土地，特别是生态环境十分脆弱的未利用土地，只能提升其自身修复能力，严禁开发利用。

三、增强多种交通方式的交通大区域协调规划建设

随着我国新型城镇化建设的推进，各类产业向城镇集聚发展规模的不断增长和人口集聚的发展，促使城镇对外开放的需求不断提升。特别是在产业链关系基础上，产业布局支撑城镇和地区之间、区域经济合作所需的生产要素和生

活要素流动强度明显增强，城镇物流疏散水平直接影响着城镇和产业发展水平，以多种交通方式一体化实现城镇交通大区域协调成为城镇和产业健康发展的主旋律。从实现和提高城镇到达的便利性出发，以城镇实际选择公路、铁路、水路、航空等交通方式实施差别化交通和城镇空间布局协调，对于内陆城镇注意加强内河航运优势的发挥。在适应国家大交通战略下，不仅要加强全国性高速公路和干线公路建设，而且还要增强区域轨道交通，特别是城市群轨道交通发展，实现设施供给类别均衡发展；依据城镇规模，着力提高枢纽和城镇的匹配程度，推进综合交通运输体系建设，发展和培育多式联运的综合货运枢纽，完善和提升枢纽集疏运交通体系功能；做好投资和使用管理协调，建立区域交通基础设施协调机构、建设基金以促进区域交通设施协调；以政府参股的市场化运作投资、建设和经营，以保障交通设施建设与运营协调；以区域发展需求出发进行城镇交通干线网络的规划，促进城镇交通与区域交通设施协调。

第三节 提高城镇与产业集聚的人口集聚力

一、增强城镇和产业对人口吸引力

增强城镇和产业对人口的吸引力要求政府出台相应的政策，通过城镇化发展扩大就业区位，产业集聚发展积极创造就业岗位；制定促进农民创业政策，积极鼓励有能力、有技术的农民自主创业；构建和完善城乡一体的劳动力就业市场体系，加强农民择业指导以提升劳动力与工作岗位匹配度，提高劳动效率，依据农民自身特征强化其就业培训，增强就业能力和工作能力，建立健全职业介绍、就业推荐等方面的就业服务，切实保障农村转移人口充分就业；打破人口流动的区域分割障碍，建立城乡统一的户籍管理体系、就业服务体系及社会保障体系、区域流动体系、基础设施及社会服务体系等以解决进城农民的户籍、住房、就业、养老、医疗、教育等社会身份和社会保障问题，提升新型城镇化人口集聚力、吸引力，为城镇和产业集聚提供充足的劳动力支持。

二、提升城镇和产业对人口的吸纳力

（一）提升城镇对人口的吸纳能力

随着新型城镇化的推进，城镇人口数量不断上升，人们的生产和生活方式也发生了改变，特别是随着城镇经济发展和人们经济收入的增长，人们不断追求提升生活和工作质量。国内外经验启示我们，新型城镇化建设必须满足人们的这种需求，才能提升城镇人口的吸纳能力。首先，为城镇人口提供充足的就业岗位，实施城乡一体化的就业保障，提高城镇就业率。通过加快产业结构调整、企业内部优化，打造完整产业链的相互支撑力，着力发展产出效能高、吸纳就业能力强、对新型城镇化支撑度高的产业，特别是大力发展城镇金融服务、生活服务、就业服务、旅游服务业等第三产业，提升产业就业吸纳力，为充分就业提供空间优势；强化投资结构，大力支持创造就业岗位能力强的投资项目，提高投资对城镇化发展的社会效益；不断健全、完善和落实有利于促进就业的现有就业和再就业政策，增强就业推动力，扩大就业政策支持，完善和健全包括养老、生育、医疗、工伤和失业保险以及相关法律法规保障等劳动社会保障体系，提高和扩大社会保障覆盖面，为充分就业提供社会保障；在税费减免、资金信贷、场地安排、教育、住房、人口管理等方面制定大力扶持自主创业和自谋职业的政策和措施，提高自主创业率。其次，加强和完善城镇管理能力，为居民营造和谐宜居环境。从科学化管理、制度化管理和预防式管理出发，在管理体制上，建立城镇目标管理责任机制，实施城镇管理市场化运作机制，建立城镇管理作业机制、监督机制以保障新型城镇化和产业集聚发展的优效运作，加强城镇管理绩效评价机制，并依据绩效结果适时调整新型城镇化建设和产业集聚发展模式，切实保障城镇经济社会节约集约发展；在城镇管理模式上，坚持政府引导、市场主导，实施政府、社会、企业、社会组织及个人等运营主体多元化参与，实施有偿服务；实施管理标准统一化、一元化、城乡一体化，增强新型城镇化的管理能力；推进综合化治理与专业化分工管理相结合，充分发挥相关管理部门的管理职能及其统一协调能力，强化统一领导与分级负责，上下联动以保障城镇经济社会秩序。再次，健全和完善城镇基础设施建设，提升城镇人口工作和生活品位。在科学规范的规划下，积极创新城镇基础设施建设参与机制，加大资金投资比重，加强城镇道路改造升级，健全城镇内部交通网络建设和治理，大力开发和构建科学规范的公共交通体系，提高城区路灯覆盖率、亮化度和亮化率，为城镇居民出行提供便利；科学规划和构建农贸市场、商业区等城镇居民生活保障布局和配套设施，从打破行业垄断、创造有序竞争、规范运营等措施整顿市场交易秩序，严禁造假售假、价格欺诈等非法经营行为，特别是完善规范菜市场与城乡居民生活息息相关的市场交易场所的基础设施建设提升服务功能，严格管理和监督机制，保障城乡居民生活安全，降低城镇居民生活成本；科学规划城镇绿化，完善环卫基础设施布局，特别是实施垃圾中转站和垃圾处理场改造升级，提高环卫基础设施效率，为城镇居民提供宜居的生活环境。

（二）提升产业对人口的吸纳能力

理论与实践已经证明，随着产业规模扩大、产业结构优化、产业链延伸和完善，都能创造大量的就业机会，对就业具有较强的促进效应。首先，促进城镇产业结构优化，实现城镇人口就业质和量的提升。从产业就业弹性来看，第一产业较低，就业弹性缺乏，易造成劳动力浪费；第二产业存在技术挤出劳动力现象，就业技术弹性较高；第三产业就业弹性较高，吸纳就业能力较强。我国第三产业发展相对缓慢，普遍存在规模小、数量多、盈利水平低的中小企业、民营经济，通过制定相关扶持政策从用工、结构调整、投融资、升级改造、管理模式及销售支持等方面改善第三产业发展的内外部条件，扩大财政税收政策倾斜支持，促进第三产业投资力度，提高第三产业在经济结构中发展比重。大力发展现代服务业，提升科技服务、金融服务业发展力度，调整优化第三产业内部结构，打破行业垄断，设置科学的准入标准，着重发展现代服务业、旅游业、文化产业，提升第三产业自身创新驱动发展。其次，完善和延伸城镇产业链，提升城镇居民就业结构与产业结构的匹配度，提高城镇人口就业效率。坚持高效关联，构建协作能力强的产业集群，围绕"补缺补漏"，完善信息服务网络、物流服务网络、技术服务网络等配套服务进行产业资源整合，以重点和高效益的主导产业为中心，以构建完整产业链为目标，促进产业链向上游原材料等基础产业环节和技术研发环节延伸，向下游延伸到市场开发、市场拓展环节，甚至生产消费、生活消费环节，提升产业内部支撑能力。再次，做大做强产业规模，以提高城镇人口的就业数量。一方面，从产业内部着力，改善产业内部经营环境，实施科学管理方法和手段，提升产业自身管理能力；积极引进和吸纳先进技术，提高产业附加值，提升产业自身发展能力，实现产业规模扩张。另一方面，从产业发展外部着力，破除资源整合障碍，实施有条件的企业兼并重组、提升和延长品牌延伸、连锁经营、特许经营、虚拟化经营；净化和规范产业销售市场，加大产业销售市场开发与培育，提高产业进入国际市场的扶持力度，形成产业外部增长性，实现产业规模扩张。

第四节　加强土地节约集约利用

传统的城镇化和产业集聚发展过程中，简单地通过平均扩张土地，盲目追求宽马路、大广场、大办公楼、大工业园区等粗放式地扩张城镇规模和产业集聚规模，造成大量的空房、空园区而导致土地闲置，土地使用效率低下，降低了城镇和产业对人口的吸纳功能。在新型城镇化下的产业集聚过程中，应从土地的供需关系出发，依据城镇和产业集聚发展需要着手，注重提高土地的节约集约使用效率。

一、优化城乡土地利用布局

城乡土地利用布局优化是新型城镇化建设的需要，也是我国实现资源节约集约利用的重要支撑，在新型城镇化建设和产业集聚发展过程中，必须统筹安排城乡各类用地，严守耕地红线，对土地开发利用进行科学的总体规划，从土地用途上保障农用地规模的稳定，合理配置建设用地和非建设用地比重。健全土地市场体系，强化土地用途管制，稳步推进农村居民点整理，提高土地利用率。科学规划，足量保障农村耕地、园林用地、其他农用地规模，严格保护农村耕地，严守耕地红线，适当增加园林用地，降低其他农用地。通过城镇发展规划和产业集聚规划的充分协调衔接，围绕城镇功能提升和产业结构调整，从提高土地效率、可供低效用地、闲置土地及废弃土地规模上，科学预测和平衡建设用地需求实际土地供应水平，着重城乡土地的统筹规划，以城乡一体化模式严格限制划拨用地比例，降低甚至取消对农耕地的占用，合理分配城乡建设用地指标。以城乡土地一体化规划为控制手段，严守国家及地方政府土地管理制度，供应计划与使用计划相结合；以节约集约利用为原则引导城乡土地配置，以市场化运作、政府监管、有效的价格杠杆调节实现工业用地市场化配置模式，实现土地资源优化配置。在保障城镇用地、产业集聚用地需求的基础上，在开发、建设和交易方面，从土地征收、土地产出效果、有偿使用、征收补贴等方面坚持效率优先、节约集约优先，针对存量用地实施对闲置土地、久未开发土地无偿收回措施，对低效开发土地变更土地开发模式或转变土地用途向促进生态文明、较高经济社会效益利用转变。针对新增建设、开发用地，严格控制规模总量和增长速度，降低划拨用地比例，加强有偿利用力度，对采用高度节约集约化的用地方式、经济社会效益高，生态保护明显的用地主体，可优先参与市场竞争。强化城乡土地用途管制，取缔和限制不符合国家政策的城镇用地、禁止类和淘汰类产业用地，取缔不符合环保要求和安全生产用地。

二、严格实施用地标准控制制度

严格实施用地标准控制制度，就是要严把土地利用准入门槛，对不同土地利用方式实施区别管理，特别是针对建设用地，从经济社会效益、生态文明建设等方面提高国家限制建设项目用地准入标准，降低此类项目用地量，彻底取缔国家禁止建设项目用地。严格实施用地标准控制制度，首先，依据国家颁布的土地使用标准，制定和完善与本地相适应的用地标准。通过充分调研论证，坚持节约集约用地原则，制定涵盖工业用地、农业用地、商业用地、基础设施用地、公共服务设施用地的经济社会效益、生态文明效益、使用面积、开发方式、容积率等标准，全面科学地构建和完善城乡土地使用标准制度体系。其次，严把土地准入、审批和转让程序。凡属于禁止用地项目不得审批；凡属于限制用地项目，从投资强度、容积率、建筑系数、基础设施、公共服务设施用地所占比重、绿地率等方面制定严格要求，对于达不到要求的用地禁止审批，对于即使符合相关项目用地标准的土地审批，严格控制标准上限；将土地使用标准的相关控制要求纳入出让方案和出让公告，写入出让合同并严格执行。同时，对土地开发布局、开发利用情况实行全面评价考核，对供而未用、不按要求用地、低效用地等情况责令整改，对拒不整改者，坚决收回土地，并给予重度惩罚，将用地单位列入黑名单，取消今后一切用地资格。

三、坚持市场配置原则

在城镇化和产业集聚过程中，坚持土地的市场配置就是要在土地使用权划拨或出让过程中，引入土地供求、价格和竞争机制，利用市场供给和需求变动影响价格变动，实现对土地资源分配、组合及再分配、再组合的过程。首先，构建土地价格市场形成机制。在土地出让定价方面，实施和完善基准定价，以市场定位、市场价格和招标定价、拍卖定价相结合，同时从土地受让方经营状况、经营实力、可持续发展力等方面综合考查选择向最能实现和提高土地产出率的单位出让土地使用权，避免因受让方竞争而虚增土地价格。其次，建立土地供应引导和约束土地需求机制。土地需求常常具有自发性和多样性等特点，土地需求方对土地的使用初衷并不一定符合地方经济发展需求。因此，政府应在经济社会发展规划，特别是当前的新型城镇化规划和产业规划等基础上做好土地供应规划，包括土地供应总量、工业用地供应量、建设用地供应量、住房用地供应量等，通过政府主导构建的信息发布体系向全社会公开土地供应信息，以引导土地市场需求，对不符合城镇和产业等发展的用地需求加以剔除。

四、强化闲置土地盘活利用力度

长期以来，由于对城镇建设规划的偏颇性，用地单位开发实力不足、经营调整、投机需求，工矿废弃，旧城改造等多方面因素造成了大量的闲置土地或低效用地，严重影响和降低了土地资源的利用效率，既破坏了城镇发展的整体布局，制约了产业集聚发展用地，又阻碍着地方经济的发展，盘活和开发城镇闲置土地已是迫在眉睫的问题。强化盘活闲置土地再开发利用力度，首先，建立健全符合地方实际的盘活闲置土地机制。在国家《闲置土地处置办法(2012)》基础上，出台符合地方实际的闲置土地处置办法，在科学进行城镇和产业规划的基础上，建立健全政府引导、市场运作、公众参与、利益共享的土地机制，提高产出效率和社会效益。充分盘活财政存量资金，依靠国有商业银行等金融机构的参与，提高城乡民间资本参与程度和途径，提升金融对闲置土地再开发支持力度，以使用权入股、转让等方式建立健全城乡闲置土地、低效用地盘活与再开发激励约束机制。其次，对闲置土地或低效用地分类处置。

各级规划部门必须从做好和形成城镇规划、产业规划、生态环境保护规划等方面与土地规划良性联动，防止闲置土地出现。对于因政府规划造成的闲置土地，除根据国土资源部分类处置，还要依法追责；对于老城区改造、废弃矿区形成的闲置土地以及经无害化治理已评估合格的污染场地，在激励补偿基础上，可通过招商引资利用民间资本开发再利用；对于因用地单位资金实力不足，可综合考量用地单位的经营状况，确实属于经营实力强、需要加强财政支持力度的，可采取积极财税政策帮助用地单位提升融资能力，对闲置土地再开发利用；对于用地单位投机储备土地迟迟不使用者或低效使用者，要严格按照土地出让合同约束条款、开发期限，限期开发利用，否则无偿收回，并处于行政和经济处罚；对于用地单位内部布局造成的土地低效利用，在符合城镇规划且不改变用地性质的前提下，鼓励和支持用地单位改建、扩建，提高土地利用率。最后，建立盘活闲置土地激励机制。对所属辖区闲置土地盘活情况实行考核，对于开展情况突出的区域适当给予政策倾斜，以调动地方积极性。

第五节　完善城镇企业发展配套公共基础服务体系

一、提升工程性基础设施配套服务建设水平

城镇的工程性基础设施对城镇和产业集聚发展的推动力无可置疑，决定着城镇道路、能源、供电、供气、供排水、防灾等系统的完善和功能的发挥，不仅在规模上影响城镇和产业发展，在承载力方面直接影响和决定城镇发展规模、产业集聚发展程度。要提高城镇工程性基础设施承载力，必须提升城镇工程性基础设施配套服务建设水平。首先，将城镇工程性基础设施规划纳入城镇总体规划，科学制定工程性基础设施的公共政策和纲领性、指导性文件，在均衡协调城镇工程性基础设施建设与城镇发展的基础上，以满足当前，适度超前性地从城镇物质空间的设计到城镇无形资产的经营策划，强化总体设计和专项设计相结合，提升城镇工程性基础设施建设规划设计水平。其次，以建设智慧城市为目标，以科技创新为主线，创新城镇基础设施的发展模式。通过高新技术和现代化、智能性装备全面提升城市基础设施系统和信息系统的智能化水平，以智能化建筑、智能化家居、智能化电网、智能化供排水网等提升城镇基础设施竞争力。最后，强化城

镇工程性基础设施建设全面性。一方面，制定和完善各级政府城镇基础设施建设相关政策、法律法规、建设标准、协作职责、权益分配制度，以保障城镇基础设施建设科学化和管理现代化。另一方面，实施市场化的投融资运作，降低和削弱对财政投资依赖，实施多渠道融资，加大投融资力度，完善和提升城镇居住、教育、医疗卫生、通信、水电气供排放、污染物处理等配套管网管理及效能，保障基础设施建设投资增长适应经济增长和调整结构需求。

二、增强社会性基础设施配套设施功能

城镇的社会性基础设施不仅能够提升城镇和产业集聚对人口和生产要素的吸纳力，而且还能够为城镇和产业集聚发展积蓄能量、增添后劲。随着新型城镇化建设推进，城镇人口不断增加，生产要素得以大幅集聚，城镇和产业对城镇社会性基础设施需求也不断增加。为了适应和支撑城镇规模的有效扩张、城镇产业的有效集聚，首先，将城镇社会性基础设施规划纳入城镇总体规划，制定社会性基础设施的公共政策和纲领性、指导性文件，在均衡协调城镇社会性基础设施建设与城镇发展的基础上，加强城镇社会性基础设施促进劳动者素质提高和人的全面发展功能；促进现代服务业发展以优化调整产业结构的功能；改善城镇投资环境，提升对外资吸引力功能；扩大区域内需，促进城镇经济增长的功能。其次，以满足当前，适度超前性地从城市物质空间的设计到城市无形资产的经营策划，以总体设计和专项设计相结合，提升城镇社会性基础设施建设规划设计水平。最后，全面强化城镇社会性基础设施建设创新机制、空间布局、功能提升及协作能力，优先发展与经济社会发展适应性高的项目。同时，降低对财政投资依赖，实施多渠道融资，加大投融资力度，保障基础设施建设投资增长适应经济增长和调整结构需求。

第六节 提高城镇和产业创新能力

一、积极创建城镇创新运行机制

创新驱动发展已上升为国家发展战略，新型城镇化建设也是对此战略的贯

彻落实，城镇通过营造创新环境、挖掘创新潜力、提升创新效率，积极进行创新，将高效提升城镇经济社会发展效率，提高城镇竞争力。城镇不仅拥有人才、技术、设备、信息和经费等创新资源，为城镇创新提供充足的资源保障，而且还拥有政府组织、高等院校、科研机构、企业等创新主体，为城镇创新活动提供了源头动力。在营造创新的制度环境方面，从弱化政府管制入手，强化政府引导、市场主导的制度建设，积极鼓励和大力支持市场强烈需求的技术、管理、生产方式和商业运行模式等创新行为的制度支持、资金支持和人才支持。在构建创新政策、法律法规环境方面，从破除阻碍创新行为的体制机制出发，完善创新人才培养、使用机制和创新服务机制；全面提升创新利益分配机制效率，从积极促进创新成果转化应用、市场机制调解来保障创新主体的劳动收益和创新效益的实现。

二、加快构建产业创新运行机制

以产业结构调整升级，着力提高产业对经济社会发展贡献率为基准，通过完善和改革产业创新体制，制定产业创新战略规划，以创新示范园区为抓手，各城镇应从土地使用、资金支持、税收财政、人才队伍、创新引导等方面加强政策支持。对技术创新、资金积累、企业协作等方面实行土地优先划拨、建立重点扶持资金、税收减免、税率调整、财政扶持、加大人才引进等措施。在产业创新途径方面，采取多形式、多方面并举，不仅着重产业生产技术创新，还要包括产业经营模式、产业重组形态等方面创新。以管理、服务和生产等领域技术创新提升产业运营相关金融、商务、物流等服务网络效能，提高企业自身经营管理能力、生产效率、产品质量、产品附加值等以全面提高产业产品的经济附加值，增强产业集聚发展效率。以产业合理分工、优势互补、结构优化融合、资源共享、城乡一体化、产业链合理、共同受益、共担风险等方式切实提升产业上下、内外联动效应。以实施跨区域、跨所有制的产业转移、产业融合创新产业重组模式。以知识产权转让、经营许可等措施创新产业合作模式。以国民结合形式，促进和加强民间资本投资力度，拓展产业投融资渠道，创新产业投融资途径。

第七节　强化生态环境保护制度的规范与约束

生态环境的保护必须依靠制度，不仅是党的十八大报告和十八届三中全会所提出的要求，也是我国经济社会发展实践检验得出的强有力的真理。制度的规范与约束，能够有效提升生态文明建设效率，降低生态环境破坏行为发生率，促进我国经济社会发展方式转型升级，推进人与自然和谐发展进程。

一、建立健全生态文明考核评价机制

生态文明考核评价是对生态环境保护成效的评判，对生态文明考核评价指标的确定，直接关系着我国践行科学发展观的路径选择，决定着新型城镇化建设和产业集聚发展的思想和行为是否符合经济社会发展。建立健全生态文明考核评价应纳入领导干部政绩考核体系，从生态制度、科学执政、生态环保工作占党政实绩考核的比例考核生态文明建设和保护力度；从生态安全、生态用地比例、资源节约集约利用、基本农田保留率、生物多样性受保护程度、林草覆盖率、污染物排放控制等方面考核生态环境保护成效；从生态人居、城乡健康生活水平、城乡饮用水水质达标率、绿色和有机食品市场占有率、文明宜居、绿色建筑比例、人均公共绿地面积、公众对居住生产生活环境的满意度等方面考核城乡居民生活品质成效。构建自然与环境类指标全面考核新常态，对发展速度和质量综合指标、结构优化和经济运行质量指标、创新与驱动发展指标等进行综合考核；既要考评城镇经济增长质量和效益、居民人均可支配收入及增长率、消费能力、生活质量，又要考评农村经济增长质量和效益、农民人均可支配收入及增长率、消费能力提升率、生活质量改善率；既要考评当前工作对经济社会发展促进，又要评价第二、第三产业增加值及增长率、农业产业化综合效益和农业增加值及增长率，以衡量经济社会发展的可持续性；既要考核地方经济增长的总量是否合理，又要考察人民群众在经济社会发展中所得到的实惠高低、社会的稳定和谐和公平正义实现的程度；既要有对 GDP 增长、引进外资、财政收入等显绩、现实性结果的考核，又要注重对基础设施、教育文化、社会风气、自然资源、生活环境、人力资源等隐绩、远景影响效率的考核。只有这样，才能够保证领导干部政绩考核工作的全面性和准确性，才能把好经济社会发展脉搏，增强我国经济社会发展的可持续性。

二、完善生态环境保护奖惩机制

新型城镇化建设明确提出坚持生态文明理念，在资源节约集约利用的同时，加强生态环境质量提升，不仅城市生产方式需要转变粗放的发展方式，承担起生态文明建设的责任，城镇居民的生活方式以及消费模式也要在衣、食、住、行等方面转变到生态文明保护和建设方面，特别是家居资源利用、出行方式的选择、休闲健身等方面实现绿色化，促进生态文明质量提升。城镇化发展评价体系更加注重发展质量要求，着重提高城市建设生态效益，降低资源消耗率和环境损害度。基于此，新型城镇化的生态文明建设，必须坚持以国家及各级地方政府环境保护政策和法规，创新自然资源和社会资源利用模式，降低资源使用对生态环境的破坏，特别是从环境损害源头加强治理，杜绝源头破坏。各级政府应结合本地实际制定与本地城乡建设规划相衔接的生态环境保护规划，明确生态环境保护责任主体的权利和义务，制定生态环境保护奖惩制度。完善生态环境保护法律法规标准体系，加强环境保护法律法规统一协调，强化法律责任，创新环境公益诉讼制度、法律法规，建立健全环境保护法律援助机制。整合各部门环境保护职能和权力，强化环境监管部门职能和执法权力，依据相关法律法规独立监管、独立执法、阳光执法，开展环保专项行动，加强环境监督管理。制定和实施领导干部环境保护审计制度，进行任期和任后环境保护审计，特别是对于因决策造成环境破坏实行终身责任追究、惩治和赔偿，甚至追究法律责任。制定城镇环境保护标准清单、奖惩清单，科学研究和制定环境管理标准、环境质量标准、环保排放标准等，特别是对自然资源利用、大气和水环境容量、固体废物污染等重点领域的奖惩清单，以规范地方政府、企事业单位和个人的行为。

三、实行最严格的环境监管制度

（一）建立所有污染物排放统一监管、独立执法制度

新型城镇化建设和产业集聚发展在促进城镇经济发展的同时，企业数量的增加、生产规模的扩张等都会造成生产性和消费性各类污染物的产生和排放，对城镇生态环境造成一定的破坏，特别是生产性污染物是破坏生态环境重要源头之一。新型城镇化建设规划必须实行最严格的环境监管制度，新型城镇化建设所坚持的基本原则之一就是实现生态文明，产业集聚发展要坚持资源高效利用，生态环境的破坏是与二者的宗旨相矛盾的，为了保障新型城镇化建设和产业集聚发展质量，必须建立最严格的环境保护监管制度。在新型城镇化建设和产业集聚发展过程中，从污染物排放源头进行监管，对所有企业等机构因生产和消费所产生的污染物排放依据国家及地方各级标准实行统一监管，构建与政府、企业及社会组织相分离的独立监管和执法体系，实施从严监控、从重处罚，阻断生态环境破坏源头。工业、农业、交通等是各类污染物排放的主要来源，从普遍着手，针对重点，贯穿生产、流通、分配、消费等各环节，以严格环境法规政策标准为依据，综合各级监管要素职能，利用综合手段，完善污染物排放许可制，禁止无证排污和超标准、超总量排污，对于违规者实行关、停其经营活动，甚至取缔其经营资格，并从重处罚、终身追责。构建以生态服务功能提升、环境质量改善、资源节约集约利用为刚性约束条件，以国家和地方有关污染物排放标准为底线，以"国家监察、地方监管、单位负责"的三位一体、全民监督的监管体系；建立健全独立于政府机构、企业的环境监测机构权力体系，强化其环境监督的权威性和法律性，以国家及地方政府相关法律法规严格执法，推进土地、环保、交通、工商、水利等多部门的环境保护联合执法，实施跨行政区域、地理区域、突破属地体制的联合执法，实行环保监察相关部门异地、异部门检查监督环境的等交叉执法。

（二）构建严格的建设项目环境影响评估制度

在城镇化建设和产业集聚发展过程中，依据国家环境保护的相关政策，针对"两高一资"行业做好产业集聚规划环境影响评价，支持能够促进行业技

术进步、结构优化调整的产业严格落实污染减排项目；对国家明令禁止或限制的产业，重污染、高环境风险的产业实行严格的退出制度；从产值能耗、项目废水、废气、固废排放等方面建立环保评估制度；从产业项目采用的技术、装备等方面建立节能评估制度；对符合国家和地方政府有关污染物排放综合标准及行业标准、清洁生产标准，能够体现集约发展、环保要求和节能要求的产业强化建设用地、资金保障、环境容量、基础设施等要素予以重点保障；对企业增值税、营业税、企业所得税等方面进行适当减免、奖励性补助等财税优惠政策支持。

（三）实施生态环境终身追责和赔偿制度

对于政府决策行为造成的环境损害，不仅追究决策集体责任，还要追究"一把手"责任；对于企事业单位行为造成的环境损害，不仅要追究企事业单位及其"一把手"责任，还要追究主管部门主管责任人。在责任追究过程中，加强行政执法与司法部门的联合，不仅对责任人进行行政、经济处罚，触犯法律者还要追究其法律责任，同时，还要实施最严厉的生态环境破坏与公民损害赔偿制度。

（四）完善全民参与和监督、信息公布制度

环境保护人人有责，需要全民参与和监督，从绿色发展、生态文明出发，有效表达人民群众利益为重点，建立全民参与和监督的环境保护机制。凡涉及群众利益的重大决策、重大工程建设项目等，必须从科学化、规范化实施民主决策，广泛征求公众意见和建议，提高环境风险评估层级，从源头预防和杜绝投资收益低、环境风险评估不达标项目开工。

第八节　建立健全产城良性联动监测评估机制

一、建立健全监测和综合评价指标体系

新型城镇化建设和产业集聚发展作为我国经济的两个增长极，不仅要实现自身的健康发展，而且还必须能够促进地方经济社会发展、经济良性增长、产

业结构优化、土地高效利用、充分解决就业、生态环境和谐和居民安居乐业等，必须全面地从新型城镇化的政治经济体制机制改革、社会治理完善、配套设施改革程度等方面监测和评估对经济社会发展质量、人口要素质量和资源要素效益的提升及高效利用贡献率。从城镇发展质量、居民就业生活质量、产业集聚发展质量和生态文明程度的提升等方面监测和评估新型城镇化和产业集聚发展良性互动进程，依据监测评估结果，从新型城镇化建设与产业的匹配度、磨合度及辐射带动作用等方面出发，适时适度地优化调整新型城镇化规划、土地使用规划和产业集聚发展规划等政策制度的衔接和互动机制，形成多元化的良性互动。因此，建立健全新型城镇化建设与产业集聚发展互动监测和综合评价指标体系，必须坚持发改、统计、规划、财政、工信、国土、交通、水利等部门相互协调的和全面、科学、实效性原则，从经济发展和新型城镇化以人为本出发，以反映新型城镇化与产业集聚发展良性联动内涵的 9 个一级要素、23个二级要素、29 个三级要素为重点监测和评估对象，构建 3 层级乃至更多层级监测和综合评价体系。一级指标选择：经济发展、经济结构、土地要素使用、社会环境、居民生活质量、居民就业、社会和谐、民生保障、科技创新；二级指标：经济规模、发展速度、发展水平、经济效率、土地使用率、产业所占比重、固定废弃物利用、生活污染处理、人口密集度、城镇绿化、居民收入、消费水平、教育水平、公共交通普及、就业率、就业支出、家庭和谐、交通安全、社会治安、科教文卫支出、保障房支出、城镇创新、产业创新；三级指标：GDP 总量、GDP 增长速度、人均 GDP、单位 GDP 能耗、第二产业所占GDP 比重、第三产业所占 GDP 比重、土地产出率、耕地保护率、固定废弃物利用率、生活污染处理率、人口密度、人口质量、人均绿地占有面积、人均可支配收入、城镇居民的消费水平、生活质量、教育质量、高中及大专以上人数比重、城镇设施人均拥有量、每万人拥有的公交数量、卫生医疗质量、文化发展水平、人口年龄结构、人均寿命，有效就业率、失业率、离婚率、交通事故发生数、科教文卫占财政支出的比重、保障房支出占财政支出的比重、就业支出占财政支出的比重、城镇创新率、城镇创新效率、产业创新率和产业创新效率。

二、实施产城联动效率动态监测与跟踪分析

在构建完善新型城镇化与产业集聚发展联动监测和综合评价指标体系的基

础上，顺应经济社会发展规律，适应城镇化和产业集聚发展态势，成立专门监测与评估政府机构，和第三方评估机构相结合，在加大经费投入基础上，设立专项资金做保障，建立健全统计制度，以规范统计口径、统计标准和统计方法，加强统计工作。以常态监测和定期评测相结合、专项监测和综合监测相结合、中期评估与年度评估相结合的方式，坚持监测评估工作整体性、系统性地实施产城联动效率动态监测与跟踪分析。在监测和评估方法上，注重定量与定性考核耦合运作，不能仅仅看数字大小，单纯进行"唯数字"的定量考核，还要对其进行质的定性考核，例如评价工作思路、工作规划、工作定位、工作方式等是否科学合理，对其他部门或领域是起促进作用抑或造成阻碍等。既要有统一规范的考核内容，又要有针对地区差异、不同层次、不同类型城镇设置特色性指标，从经济差别、资源禀赋、产业构成以及地域差别等方面确立差异化考核内容，以其自身特色选择确定差异化考核指标，主要考核其主导产业的民生回报率、经济贡献率、环境保护率、科技创新率等，提高考核的针对性、实效性、准确性。在核实考核事项上，既要有明察暗访、专项督查、投诉询查、电子监察等形式，又要广泛应用信息技术手段，引入上级领导和社会服务对象的评价，减少人为因素，提高科学性。

第十章

不同区域城市群产业集聚差异化战略

依据新型城镇化规划，不同区域城市群所具有的区域优势及区位优势不同，其产业集聚发展也应有所不同。本部分研究内容依据中国统计年鉴所采用的东部、中部、西部及东北区域划分，针对不同区域城市群提出实施产业集聚差异化战略。东部地区对外开放程度高、制造业发展相对成熟的城市应积极调整产业结构，大力发展现代服务业，特别是提升生产性服务业对制造业的支撑能力；对于中西部以农业为基础的城市群，在大力提升第二、第三产业发展能力的同时，重点提升农业发展质量；对于东北老工业区城市群，应积极采取措施发挥传统优势，以先进的生产技术和信息技术融合提升制造业竞争力。

第一节　东部城市群强化现代服务业发展

东部地区城市群制造业发展相对成熟，而服务业发展相对薄弱，以致不能全面提升制造业竞争力。因而，东部地区城市群在强化制造业"两化融合"的同时，还应提升服务业的服务能力。

一、完善服务业产业规划引导

在服务业产业规划方面，东部地区应在政府引导下充分发挥服务业行业规划研究机构功能，通过广泛调研，深入了解和认识行业发展态势及趋势，掌握国际先进水平，结合自身优势，借鉴先进经验，对服务业产业集聚区及所在地市整个产业集群的行业制定规划，强化生产性服务业协同定位发展。

二、提升社会资源在服务业产业配置效率

东部地区服务业应通过强化生产服务业技术、组织流程及服务模式创新等实现高端化发展，进而提升生产效率、产业服务效应，以自身发展能力提升社会资源流入吸引力。适度放开服务经济产业投资建设、生产经营政府管制，降低社会资源流入服务经济产业限制，从而在市场机制调节下，促进社会资源流向服务业产业。强化服务业企业利用所掌握的产业前沿技术、产业政策和行业信息，为制造业企业开展技术咨询、项目论证等服务功能。提升服务业企业从解决企业原材料分析、技术引进、产品质量分析着手，利用先进管理理念、先进仪器设备，对企业开展诊断分析，帮助企业解决生产路线、生产工艺等技术服务问题。

三、加快服务业发展体制变革

在管理机制方面，东部地区应突破传统计划经济影响，充分发挥市场调节功能，简化行政审批流程和范围限制，降低社会资源投资服务业限制，促进服务经济产业规模化和现代化发展。在投资机制方面，建立健全服务业市场化投资运行机制，拓展服务业经济产业投资渠道，提升服务业投资力度。同时，提升服务业经济产业发展质量和效能投入，在保障服务业产业人力资本、金融资本、土地资本投入效能的同时，突出专业性服务业、高新服务业、信息服务业和现代物流业等投资建设的提质增效。

四、扩大服务业产业对外开放的能力

当前，东部地区应加快打破服务业产业区域经营和封闭经营模式，扩大服务市场对内对外开放程度，提升服务业国际竞争力。对于外资企业进入中国服务市场，应从我国实际出发，在维护国家安全、保障政治文化基础上，对能促进我国经济社会发展，特别是能够促进我国薄弱产业、企业发展，夯实我国产业发展基础的外资企业，应大力和优先引进，实施国民待遇，并相应地给予政策扶持、税收优惠、土地供应等支持。

五、完善服务业公共服务平台和服务功能

东部地区应依托制造业集聚区，建设一批生产性服务业公共服务平台，建立生产服务基地。服务业企业应依据自身生产经营过程中对技术、信息、管理等方面的实际需求，做好培训员工选择、合作学校主体选择，做好培训员工管理工作，特别是对培训员工的态度、培训效果进行考核评价，以保障合作培训出成效。学校也应当针对企业培训需求，选派对口师资队伍，围绕企业实际需求、培训员工特点因材施教，合理安排培训内容、时间，同时，在培训中学习企业经验，从受训员工那里吸收企业生产经营管理的实践经验，以此提升师资队伍"双师"素质和能力，进而提升校企合作培训成效。

六、强化服务业企业技术创新

（一）内部自行研发

内部自行研发指服务业企业依靠自己的资金和人力，在内部自行研究开发。选择此路径的企业，本身投入技术创新的资源最多，风险也最大，通常研发时间比较长，除应用于非常有把握的小型新技术的开发，否则资源有限的中小型企业选择此路径并不合适。

（二）并购技术公司

并购技术公司指服务业企业使用资金直接并购某家技术公司，取得该公司拥有的专有技术，包括与技术有关的所有专利、文件、人才、设备等。服务业企业选择此路径虽可快速取得新技术，但也应考虑自身的资金实力以及两家公司企业文化是否能够相互融合。此策略一般应用于并购小型技术公司或个人设计工作室等。

（三）合资研发

合资研发指服务业企业与某家公司或数家公司，共同承担研发某项新技术所需的经费，投入资源并承担风险，共享研发成果，可视为内部自行研究方式

的一部分。一般运用在企业自身财力无法负担，或技术能力无法单独完成的较大型技术开发项目上。

（四）委托研究

委托研究指服务业企业将技术开发的全部工作，支付一定的费用以合约方式，并约定在一定时间内，委托某家公司进行研发。中小型企业限于有限的人力，需要在短时间内完成的技术开发项目可选择这种方式来完成。

（五）技术授权

技术授权指服务业企业（被授权者）付给某技术的原发明者一定数额的授权费，并以授权合约的方式，取得该项技术的使用权。一般用于购买专利的使用权。

（六）购买技术

购买技术是指服务业企业支付一定数额的费用，直接向技术出售者购买而取得某项技术，其中包括技术的移转在内。

（七）聘用技术顾问

服务业企业以聘用技术顾问的方式，从技术顾问个人获得有关技术的信息，或由技术顾问来协助企业获得在技术开发过程中所需技术，这种方式通常用在较长期的技术开发上。

（八）非契约方式

非契约方式包括从专利公告公布的技术信息，或从技术研讨会、技术出版物所获取的技术信息，以及将一些新产品，以反向工程方式分解，从中获取的技术信息等，加以模仿后，完成产品、工艺或服务的更新。

七、提升服务业企业准确把握获取新技术决策影响因素的能力

（一）公司相对地位

公司相对地位越高时，表示公司的资源越丰富，越有能力自行研发，而不

致于委托给比自己相对地位低的公司来研发。

(二) 技术取得紧迫性

由于外购方式一般将比自行研发完成时间短，当公司急需取得该项新技术时，为节约时间成本，公司将倾向于外购技术。

(三) 取得技术所需的承诺度

当取得该项技术所需的公司承诺度越高时，由于自行研发所需公司投入承诺的程度比外购方式高，因此公司将倾向于自行研发。

(四) 技术在其生命周期中所处的位置

当该项技术所处技术生命周期早期时，由于该项技术在市场上会的人较少，较无机会外购技术；同时，技术在其生命周期越早阶段时，公司一般不愿意将该项新技术透露出去，因此公司将倾向于自行研发。

(五) 技术的类型

当新技术比较特殊，属于关键性技术时，公司一般希望独自享受此技术，不愿意与其他公司分享新技术带来的商业利益，而倾向于自行研发。

(六) 技术来源的可获得性

当该项技术来源的可获得性越低时，公司从外部购买该项技术的机会较小，因此只能采取自行研发方式。

(七) 管理者的风险规避倾向

当管理者属于风险规避倾向者，由于自行研发方式公司所承受的风险程度较高，因此公司将倾向于外购方式。

(八) 公司的技术开发能力

当公司的技术开发能力越高时，公司会倾向于采取独立研发的方式。

第二节　中西部地区强化农业发展质量

农业作为中国的重要产业关乎我国乃至世界农产品的充足供应，只有农村经济得以良性健康发展，才能为我国经济发展提供坚实的基础。

一、中西部地区强化农业发展状况

虽然影响农业发展质量的因素较多，有专家分析指出，在粮食增产贡献率中化肥约占40％以上，《中国统计年鉴》也把农业化肥施用量专门作为农业发展的一项统计指标。因此，本部分主要从农业化肥减施的角度去分析考察农业发展质量。为了确保农产品的不断增收，我国农业化肥使用量逐年增加，特别是中西部农业大省表现更为明显。据国家统计局数据，2013 年，农用化肥折纯施用量为 5912 万吨，同比增长 1.30％；河南省 2013 年粮食产量同比增长 1.33％的同时，农用化肥施用量同比增长为 1.74％。这一行为在带来农产品产量稳步提升的同时，也带来了土壤 pH 值变化，导致土地肥力下降，农产品安全问题突出，特别是随着化肥使用量的增长，严重破坏了我国的自然环境。为了降低或解决化肥对土壤等的破坏问题，农业部于 2015 年出台了《到 2020 年化肥使用量零增长行动方案》，国家"十三五规划"更是明确提出要实施化肥使用量零增长，大力发展生态友好型农业。但问题在于，实现农用化肥使用量零增长这一目标是否会对农业增长产生较大的负面冲击，是否会带来农产品产量的下降，这无疑是中央及地方决策层关注的一个重要问题。由于缺乏合适的相关理论和工具，国内学者的相关研究还缺乏基于农业效率增长约束下的分析测算的中国化肥减施潜力，导致各级各类决策部门尚无法做出具有科学依据的化肥减施的具体措施，以致为实现农用化肥使用量零增长目标障碍重重。基于此，本部分将在近几年我国部分省份农业施用量的基础上，通过使用松弛变量的非径向 DEA 模型进行我国农用化肥减施潜力测算，以期初步解决化肥对土壤和环境等的破坏问题。

二、DEA 模型测算中西部农用化肥减施潜力的理论基础

DEA 模型也被称为 DEA 有效模型，能够用于评价具有多个投入和多个输出问题的效率，被应用于众多领域的多产出元素效率评价和测度。DEA 模型对效率的测度被广泛地应用于人类政治、经济和社会等领域宏观和微观活动的效率测度。布洛克等（P. L. Brockett et al. 1998）应用 DEA 模型测度了 OECD 的 17 个国家 1979~1988 年宏观经济效率，但由于各国宏观经济环境的差异，未探寻出改善投入产出效率的有效方法；谢从军（2005）运用 DEA 模型测度了我国铁路部门 1991~2000 年的投入产出效率，但未能得出理想的细化结果；胡和王（Hu and Wang，2006）运用传统 CCR-DEA 模型测度了中国 1995~2002 年 29 个行政区的能源效率，但其无法测算某种具体投入或产出的效率；默克特和汉舍尔（Merkert and Hensher，2011）测度了 58 条航空线路效率的决定因素，但研究结果没有考虑环境污染方面的非合意产出；石等（Shi et al.，2010）将非合意产出作为投入，运用 DEA 模型测度了中国区域工业效率，但结果并不符合实际的生产过程。

在应用 DEA 模型测算产出结果效率过程中，还存在一些非期望得到的产出即非合意产出，即使非合意产出效率很高，但易造成大量资源浪费、环境破坏等负面效应，这与人类的生产活动实际成果实现人与自然和谐发展过程不符，例如农用化肥施用中出现的土壤、水质污染等。农业具有典型的多个投入和多个产出特征，同样可以应用 DEA 模型进行投入和产出效率评价与测算，农业化肥的使用属于农业投入要素，而农用化肥的使用不仅能够提升农业增长能力，但同时也能带来农产品、土壤及水源等方面污染的非合意产出。如果简单地应用 DEA 模型评价和测算农业的多个投入和多个产出效率，很难刻画真实的农业化肥使用过程，因此，在应用 DEA 模型测度农用化肥的非合意产出的同时，应解决非合意产出的影响因素投入效率问题。此外，由于之前的研究将农用化肥作为投入，用以衡量其对农业增长的贡献率，故而忽视对农用化肥减施潜力的估计与测算，各级各类决策部门也无法实现对化肥减施科学的判断，不能做出科学合理的决策。正是基于以上问题，本部分使用基于松弛变量构建非径向 DEA 模型，将非合意产出作为约束条件，从投入要素着手，提高合意产出，降低非合意产出，能在一定程度上度量和测算化肥减施潜力问题，

实现一定程度的创新和贡献。

三、DEA 模型测算中西部农用化肥减施潜力巨大

（一）DEA 模型概述

本部分是在松弛变量测度模型（Tone，2001）的基础上对传统 DEA 加以改进，以投入因素作为自变量，产出作为因变量，考虑到非合意产出的负面效应，将非合意产出效率降低或消除作为约束条件，并将非合意产出从传统的作为投入因素剔除，将其作为产出结果纳入相应的目标函数。本书模型将实现少投入得到尽可能多的合意产出和尽可能少的非合意产出，作为效率高低的判断标准，通过追溯决定或影响非合意产出的因素，适当调整投入结构，分析测度减少非合意产出的潜力空间。

假设有 m 个拟测度效率区域，每个区域有投入、合意产出和耕地有机碳下降（非合意产出）三种要素。每个区域用 n 单位的投入得到了 W1 单位的合意产出和 W2 单位的耕地有机碳下降。以矩阵 A、B 和 D 来分别表示投入、合意产出和耕地有机碳下降，其中，$A = [A_{ij}] = [a_1, a_2, \cdots, a_m] \in R^{n \times m}$，$B = [b_{ij}] = [b_1, b_2, \cdots, b_m] \in R^{w1 \times m}$，$D = [d_{in}] = [d_1, d_2, \cdots, d_m] \in R^{w2 \times m}$。则投入和产出的可能性集合为：

$$P(a) = \{(b, d) \mid a \geq A\lambda, b \leq B\lambda, d \geq D\lambda, \lambda \geq 0\} \qquad (10-1)$$

其中，λ 表示各类变量的非负密度向量，a、b 和 d 分别表示投入、合意产出和耕地有机碳下降，以非合意产出作为约束条件和目标函数，并将其加入松弛变量模型，构建基于非合意产出的 SBM-DEA 模型：

$$\rho_0^* = \min \frac{1 - \dfrac{1}{n} \sum_{i=1}^{n} \dfrac{W_{i0}^n}{A_{i0}}}{1 + \left(\dfrac{1}{W1} + W2\right)\left(\sum_{r=1}^{W1}\left(\dfrac{W_{r0}^b}{b_{r0}}\right) + \sum_{r=1}^{W2}\left(\dfrac{W_{r0}^d}{d_{r0}}\right)\right)} \qquad (10-2)$$

s. t. $a_0 = A\lambda + W_0^-$；$b_0 = B\lambda + W_0^y$；$d_0 = D\lambda + W_0^d$；$W_0^- \geq 0, W_0^y \geq 0, W_0^d \geq 0, \lambda \geq 0$.

其中，W_0^b 表示合意产出中的不足，W_0^- 和 W_0^d 分别表示投入和耕地有机碳下降过度，是松弛变量，用以度量效率是否有效，下标 0 表示拟进行效率测度的相关决策单元，如果松弛变量 W_0^b、W_0^- 和 W_0^d 值为 0，即 $W_0^b = W_0^- = W_0^d = 0$，那

么能够得到 $\rho_0^* = 1$，说明决策单元在合意产出方面有较高效率，在非合意产出方面是无效率的，即产生较低的非合意产出；如果所有松弛变量不全为 0，即 W_0^b、W_0^- 和 W_0^d 的值至少有一个不为 0，则说明拟测度的决策单元在非合意产出有效，则合意产出、投入和耕地有机碳下降三个方面至少有一个存在不足，就需要重新调整投入结构，降低非合意产出效率，提升合意产出效率。但是，由于模型（10-2）是非线性的，为实现此目的，可用托恩（Tone，2001）松弛变量 DEA 模型，通过引入 ε，φ，W^d，W^b，将非合意产出纳入目标函数，并作为一个单独的约束条件对模型（10-2）进行等价线性规划：

$$r_0^* = \min \varepsilon - \frac{1}{n} \sum_{i=1}^{n} \frac{W_{i0}^n}{a_{i0}}; \quad 1 = \varepsilon + \frac{1}{W1+W2} \left(\sum_{r=1}^{W1} \frac{W_{r0}^b}{b_{r0}} + \sum_{r=1}^{W2} \left(\frac{W_{r0}^d}{d_{r0}} \right) \right)$$

$$(10-3)$$

s. t. $a_0 \varepsilon = A\varphi + W_0^-$; $b_0 \varepsilon = B\varphi + W_0^b$; $d_0 \varepsilon = D\varphi + W_0^d$; $W_0^- \geqslant 0, W_0^b \geqslant 0, W_0^d \geqslant 0, \varepsilon > 0.$

在一定的约束条件下，特别是依据人类的生产实践实际，可以规定非合意产出效率底线，也即规定优化的投入结构，以降低非合意产出效率。我们假设线性规划（10-3）的最优解为 $(\varepsilon^*, \varphi^*, W^{-*}, W^{b*}, W^{d*})$，以 ρ^* 表示所有要素的产出效率指数，以 W_0^d 表示潜在的农用化肥减施量，其中，$\rho^* = \varepsilon^*$，$\lambda^* = \varphi^*/\varepsilon^*$，$W^{-*} = W^-/\varepsilon^*$，$W^{b*} = W^b/\varepsilon^*$，$W^{d*} = W^d/\varepsilon^*$，每个区域的土壤有效元素流失效率可表示为：

$$耕地有机碳下降效率 = \frac{目标耕地有机碳下降效率量}{实际耕地有机碳下降效率量} = \frac{d_0^\varepsilon - W_0^d}{d_0^\varepsilon} \quad (10-4)$$

下面，我们就使用式（10-3）和式（10-4）对拟测度的土壤有效元素流失效率进行测算。

（二）中西部农用化肥减施潜力统计分析

本部分数据来源主要是 2015 年《中国统计年鉴》和部分省份国土资源统计报告，以中国中西部 19 个省级行政区及重庆市的农业机械总动力、农用化肥施用量作为投入要素，以粮食总产值作为合意产出，使用土壤有机碳下降作为非合意产出，有关农业机械总动力、粮食总产值和农用化肥施用量（见表 10-1）的数据均可以从 2015 年《中国统计年鉴》中获得。但是，由于我国中央及各省份耕地地球化学调查报告体系尚未成熟，无法详尽地获得 19 个省级行政区及重庆市耕地有机碳下降的官方数据。根据 IPCC 方法框架，我们可以使用式

（10－5），根据联合国地球化学国际研究中心的因子来计算 19 个省级行政区及重庆市的农用化肥导致耕地有机碳下降比例，如表 10－2 所示。

$$耕地有机碳下降比例 = \sum_{i=1}^{n} Q \times CCF_i \times HE_i \times COF_i \times (44/12) \qquad (10-5)$$

其中，Q 表示导致耕地有机碳下降的某类农用化肥，$CCF_i \times HE_i \times COF_i \times (44/12)$ 表示这类农用化肥导致耕地有机碳下降系数因子。

表 10－1　　　2015 年中国 20 个省区及重庆市农用化肥使用（折纯）总量　单位：万吨

省份	化肥施用量	省份	化肥施用量	省份	化肥施用量	省份	化肥施用量
山西	119.6	湖北	348.3	贵州	101.3	青海	9.7
吉林	226.7	湖南	247.8	云南	226.9	宁夏	39.7
黑龙江	251.9	江西	142.9	西藏	5.3	内蒙古	222.7
安徽	341.4	四川	250.2	陕西	230.2	广西	258.7
河南	705.8	重庆	97.3	甘肃	97.6	新疆	237.0

资料来源：2015 年《中国统计年鉴》。

表 10－2　　　　　　　　各省区耕地有机碳下降比例　　　　　　　单位：%

省份	耕地有机碳下降	省份	耕地有机碳下降	省份	耕地有机碳下降	省份	耕地有机碳下降
山西	11.6	湖北	10.3	贵州	11.3	青海	13.7
吉林	19.7	湖南	11.8	云南	9.9	宁夏	9.7
黑龙江	22.9	江西	10.9	西藏	4.1	内蒙古	19.7
安徽	11.4	四川	12.2	陕西	11.2	广西	8.7
河南	10.8	重庆	10.3	甘肃	17.6	新疆	10.0

资料来源：2015 年《中国统计年鉴》。

从表 10－2 中可以看出，黑龙江耕地有机碳下降比例最高，西藏耕地有机碳下降比例最低。这与各省的种植业所占国民经济比重密切相关，黑龙江农业所占国民经济比重居高不下，农用化肥的施用量不断增长，2015 年达到 251.9万吨，导致耕地有机碳下降显著；而西藏以农牧业为主，草地总面积占土地总面积的 69%，宜农耕地和净耕地面积分别占土地总面积的 0.42% 和 0.3%，粮食种植相对欠发达，农用化肥施用量较低，2015 年只有 5.3 万吨，因而耕地有机碳下降比例较低。依据 2015 年《中国统计年鉴》以及表 10－2 数据分别计算出投入产出变量的统计特征及相关矩阵，分别如表 10－3 和表 10－4 所示。从表 10－3 可以看出，2015 年，中西部 19 个省级行政区及重庆市农用化肥平均施用量达到 208.1 万吨，农业机械总动力平均使用 3591.4 万千瓦，合意产出粮食平均总产量 2259.6 万吨，耕地有机碳平均下降 12.4%。但是，从

表 10-3 可知，所研究区域的农用化肥施用量、农业机械总动力、粮食总产量及耕地有机碳下降比例的最大值与最小值分别相差 700.5 万吨、11256.2 万千瓦、6221.3 万吨和 18.8%，各类投入产出的标准差分别为 150.3、2476.4、1685.3 和 4.3，可以看出，中西部省际之间在投入产出方面存在巨大差距。从表 10-4 可以看出，所研究区域的农用化肥施用量、农业机械总动力、粮食总产量及耕地有机碳下降之间的相关系数都在 0.7 以上，这说明本书所选取的投入产出变量之间存在着较密切的因果关联关系。这也符合农业机械规模应用，提升了农业规模耕种和农用化肥规模施用，在提升粮食产量的同时，对耕地造成一定程度的破坏规律。在此基础上，我们应用基于松弛变量的 SBM-DEA 模型对 19 个省级行政区及重庆市的化肥施用效率进行测度，进而探寻出农用化肥减施潜力空间。

表 10-3　　　　　　　　　　　各变量的统计特征

投入产出	均值	最大值	最小值	标准差
农用化肥（万吨）	208.1	705.8	5.3	150.3
农业机械（万千瓦）	3591.4	11710.1	453.9	2476.4
粮食产量（万吨）	2259.6	6324.0	102.7	1685.3
耕地有机碳下降（百分比）	12.4	22.9	4.1	4.3

资料来源：2015 年《中国统计年鉴》。

表 10-4　　　　　　　　　　　变量的相关系数矩阵

投入产出	农用化肥	农业机械	粮食产量	耕地有机碳下降
农用化肥	1			
农业机械	0.8963	1		
粮食产量	0.9876	0.9695	1	
耕地有机碳下降	0.9537	0.8921	0.8872	1

资料来源：2015 年《中国统计年鉴》。

（三）中西部农用化肥减施潜力实证结果分析

利用 2015 年《中国统计年鉴》中有关 19 个省级行政区及重庆市的农业机械总动力、化肥施用总量数据为投入变量值，我们主要计算了各个省区的化肥施用效率和潜在的化肥减施量，测算结果如表 10-5 所示。从表 10-5 结果数据可以看出，在 19 个省级行政区及重庆市中，SBM-DEA 模型的生产前沿面上没有出现一个省份的化肥施用效率，说明各省份都存在化肥减施潜力空间。各省份的化肥施用效率值在 0.39~0.58 区间取值不等，其中，宁夏的效率最低，安徽的效率最高，而河南的化肥减施量最大，达到134.9万吨，西藏的化肥减施量最小，只有0.4万吨。表10-5中的测算结果表明，中国大多数省份的化肥施用效率较低，依靠化肥提升粮食产量已经不是最优决策选择，而应该依靠农业种植技术、种植工艺的创新。同时，在大规模施用化肥提高粮食产量初衷驱使下，大量化肥的施用造成耕地有机养分流失、土质碱化板结，降低了耕地土壤肥力，抑制了粮食产量的增长，缺乏经济效率。同时，通过比较表10-1和表10-5中19个省级行政区及重庆市的2015年化肥施用实际数据和减施数据，湖北以化肥减施潜力11.94%居首位，河南、黑龙江、安徽、四川等省份化肥减施潜力均在10%左右，位居前列，本部分所计算的这几个省份耕地有机碳下降比例也较高，这与国土资源部中国地质调查局在1999～2014年开展的《中国耕地地球化学调查报告（2015年）》得出的东北区、闽粤琼区、青藏区和西北区部分耕地有机碳下降分别为21.9%、16.0%、13.3%和10.5%的结论有较高的吻合度。

表10-5　　　　　　　　　　　　　　　**实证分析结果**

省份	化肥施用效率	化肥减施潜力（万吨）	省份	化肥施用效率	化肥减施潜力（万吨）
山西	0.49	10.6	重庆	0.40	9.2
内蒙古	0.56	20.5	贵州	0.44	9.3
吉林	0.48	19.1	云南	0.43	18.6
黑龙江	0.57	25.7	陕西	0.51	20.1
安徽	0.58	32.9	甘肃	0.43	8.3
江西	0.41	10.3	青海	0.48	0.8
河南	0.53	64.9	广西	0.49	22.8
湖北	0.49	41.6	宁夏	0.39	2.1
湖南	0.50	22.0	新疆	0.45	18.9
四川	0.50	24.5	西藏	0.47	0.4

资料来源：2015年《中国统计年鉴》。

四、中西部农用化肥减施潜力结论与政策建议

本部分运用松弛变量的非径向分析SBM-DEA模型测算的20个省级行政区及重庆市的农用化肥减施潜力结果，在一定程度上表明我国耕地依靠化肥施用来提高粮食产量效率已经非常有限，对耕地有机质造成严重破坏，土壤肥力迅

速下降。一方面，虽然我国农业得到了较快发展，粮食产量也取得快速提升，但这种增长是以破坏耕地土质、降低土地肥力和环境污染为代价的，过度依赖化肥施用提高粮食产量而忽视耕地肥力、土地质地和环境保护，不仅对中国乃至对全世界的农业发展，特别是粮食生产都造成负面的影响，中国目前是世界上农用化肥施用较高的国家，如果不改变目前的农业增长模式，必然会损害和阻碍中国可持续发展目标的实现。另一方面，相对于 SBM-DEA 模型的最优决策单元，中国的农用化肥减施潜力空间巨大，这在一定程度上说明中西部地区乃至全国对农用化肥施用非合意产出存在软约束，以致合意产出在追求 GDP 目标中受到强烈刺激而迅速增长，不合意的产出受到较弱的约束而不断增加。

为了提高农业增长率，特别是实现粮食产量稳步提升，我国农业发展应该在降低农用化肥施用的同时，采取有效措施进行耕地土壤保护，实现农业转型发展。一是把化肥减量纳入农业面源污染防治顶层设计体系，强化耕地地球化学调查工作，常态化耕地质量保护和建设。各级政府应及时出台农用化肥施用支持和约束政策，促进畜禽粪便、农作物秸秆养分还田和微量元素、磷钾肥料施用，限制氮肥和大量元素肥施用。三是中央政府做好科学施肥技术顶层设计，地方政府及其相关部门建立和完善科学施肥技术推广机制，以政府购买服务等方式引导企业对缓控释肥、水溶肥等新型肥料研发与生产。四是建立和完善农用化肥施用相关财税政策，实施化肥清单制度，有机肥税收减免政策，促进化肥生产企业经营结构，降低有机肥销售价格，提升农户购买和施用有机肥的意愿和行为能力。

第三节　东北地区加快制造业"两化融合"

当前，《中国制造 2025》已经成为实现制造强国的十年行动纲领，在借鉴制造业发达国家经验基础上，审时度势地将"两化融合"确定为制造业发展的战略任务，为我国制造业发展指明了方向的同时，也清晰地指明了实现路径。《中国制造 2025》明确制定了实现"制造强国"的战略目标，将新一代信息技术与制造技术融合、智能制造装备和产品、制造过程智能化、互联网在制造领域的应用确定为重点任务，将新一代信息技术产业、新材料等十大重点领域作为突破口，如图 10 - 1 所示，明确提出积极发展和强化制造业以智能化、网络化转型升级发展。而对于具有传统制造业优势的东北地区强化制造业"两化融合"以提升产业竞争力尤为迫切。

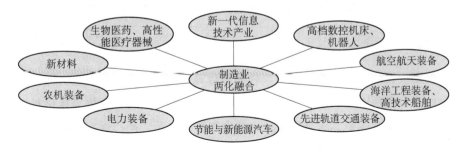

图 10 - 1　《中国制造 2025》两化融合重点领域

一、中国制造业两化融合动态及趋势

（一）制定和实施智能制造发展战略

智能制造发展战略是指导我国先进制造技术和信息技术通过智能技术、嵌入式系统综合集成和融合运用的整体性、长期性谋略，以智能制造为重点任务，着眼于未来发展谋划制造业重大布局。《中国制造 2025》提出加快建立和完善智能制造智能装备产品、工业互联网等重点标准化领域技术标准体系，从基础保障、管理职责、实施过程以及评估、诊断与改进等方面深化智能制造系统、智能控制系统的深化应用。

（二）发展智能制造装备和产品

大力构建和完善先进的产业体系，应在通用部件、关键基础零部件和关键核心部件方面重点发展智能部件和具有高密度、高精度计算功能部件。在智能专用设备方面，提升专用设备高效智能功能、精密集成功能，提高信息通信设备智能监测和控制功能，增强操作系统人性化和一体化智能，完善工业软件的智能储存、调度和控制功能，提升智能制造核心信息智能化。

（三）建设智能化制造过程

制造过程智能化建设，应加强制造执行系统、集散控制系统、在线监测和自动化系统的研发提升和深化应用，实现企业实际数据与基本信息系统无缝连接，以数字化控制、状态信息实时监测、自适应控制等控制系统管理产品数据、价值链数据、运营数据和外部数据，进而优化制造业供应链管理。

（四）深化互联网技术应用

在制造领域方面，关键是以互联网平台实现制造企业内外部全面互联，在国家所制定互联网与制造业融合发展路线图的指导下，构建开放、共享和创新型制造产业生态体系，培育和发挥产业生产智能监测、远程诊断、产业链追溯等活动完成企业制造设备、产品和客户全面连接，以个性化定制、众包设计、3D 设计、O2O、C2B 和云制造等平台感知消费需求动态趋势，进而引导企业供应链一体化平台运营。

二、工业 4.0 视阈下东北地区制造业"两化融合"的机遇与挑战

（一）工业 4.0 带给东北地区制造业的机遇

1. 为东北地区制造业生产与服务模式发展提供了方向。工业 4.0 着重借助嵌入式智能系统提升和深化信息技术系统与制造系统智能融合，实现智能制造。在此思路基础上，东北地区制造业应在强化信息化水准的同时，提升制造业信息管理与服务，在强化构建和应用工业互联网的同时，大力发展和应用先进制造系统、信息系统，以智能分析、智能决策和智能执行制造转型升级制造模式。

2. 为东北地区制造服务业的发展带来新的动力。工业 4.0 利用信息物理融合系统（CPS），不仅能够提升制造业企业对市场变化的快速反应能力，服务于制造产业需求和消费市场，而且还能够拓展到为客户需求服务，实现"数据创造社会价值"。同时，东北地区制造业还能通过商业模式内置化，由第四方综合集成信息通信技术、智能制造技术以及制造服务业的跨界集成满足智能制造，为制造服务业创造了新的发展领域和动力。

（二）东北地区制造业面临工业 4.0 的挑战

目前，相对于世界发达国家来说，东北地区制造业相距制造强国发展水平

还有相当大的差距，仍处于落后状态，对智能化技术应用和消化吸收的内置化障碍，面临着工业4.0和两化融合变革的巨大挑战。

1. 智能技术内置化压力亟须解决。东北地区制造业虽然得到较高程度的发展，但普遍存在大而不强、竞争力低等阻碍自身发展的问题，特别是智能制造体系建设滞后，智能嵌入式系统贫乏，远远跟不上世界制造业发展步伐，高端制造装备对外依存度较高，总体技术含量低，核心关键技术贫乏，网络连接、知识驱动、基础设计、智能设备、先进制造技术薄弱，承接智能技术内置化还存在巨大障碍。

2. 智能制造资源贫乏挑战。与工业发达国家相比较而言，东北地区在科技、人力、信息、智能设备、资本等资源方面积累还远远不足，东北地区制造业在科技创新、产品与服务创新、管理创新、产业创新等各类资源占有量和利用效率都是有限的。劳动力素养滞后于智能制造能力需求，特别是智能制造高端人才及复合型人才严重缺乏，致使劳动者能力无法满足制造业智能化需要；智能制造信息服务平台贫乏，信息共享系统尚未成型，导致信息获取、实时通信和动态交互能力不足；资金投入跟不上企业的技术研发需求规模，还存在较大的差距。这些因素导致东北地区制造业在智能制造资源运用方面存在巨大压力，严重阻碍着工业生产力与信息生产力的深化融合，无缝衔接。

三、东北地区制造业发展和实现"两化融合"的建议

在西方"再工业化"战略，特别是德国实施"工业4.0"战略的影响下，世界制造业格局发生重大变化，东北地区制造业正逐渐失去竞争优势。作为制造业发展领头羊的德国工业4.0战略对东北地区乃至中国制造业来说不乏学习和借鉴之处。

（一）大力提升工业四基能力

东北地区工业在技术、工艺、零部件以及材料的四基能力上总体还处于瓶颈状态，应着重提升制造业工业基础能力。东北地区应首先做好工业强基顶层设计，制定和完善各级各类扶持和激励政策，着重建设和打造各级各类"工业强基工程"，强化工业基础领域研发，在企业前端技术研发应用的基础上，向支持企业后端市场多级运营支撑和开放渠道等方面的技术研发应用倾斜，在

着重强化集成创新基础研发应用的同时，提升制造业整机集成乃至系统集成创新能力培育，提高现有的工业化和信息化水平，以及两化系统中的专业人才、标准设施、业务系统、生产应用、安全防护、经营管理、信息资源、资金投入、专题数据库和企业协同能力等，加快制造业"四基"能力提升。

（二）积极构建基于服务和实时保障的 CPS 平台

从 CPS 平台构建趋势来看，主要利用传感器、控制器、驱动器和物理对象构建直接与物理世界交互的物理感控层，通过具有传感、执行、通信、计算、存储和互联网接入功能的部件交联耦合加工物理对象，构建 CPS 感控、计算与传输节点。以先进互联网技术，例如云计算、大数据等连接城市基础设施等计算机网络新技术，将通信技术与计算机技术进一步聚合，通过卫星与 Internet 网络相连，IP 与 ATM 技术无缝衔接，以智能基站能力提升通信技术，构建具有数据交换、接入能力强、资源共享、传输即时性高和交互连接的网络通信层。利用具有内嵌大数据计算、智能数据分析的部件构建合理分解的网络层、物理层信息模块和决策应用层，并实现这三个层面既相互连接又相互自适应，如图 10-2 所示。

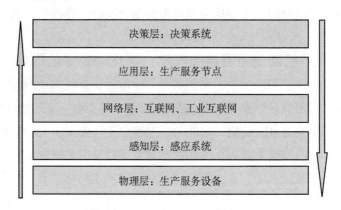

图 10-2　制造业 CPS 系统构成

（三）夯实和提升工业互联网建设

东北地区制造业不仅要在强化互联网技术应用的同时，以工业无线网、以太网等新技术构建和完善工业互联网，加强和提升工业互联网、工业务联网与互联网连接融合，而且应加强工业互联网关键软硬件研发，针对信息物理系统构建及应用需求，重点强化和提升工业基础软件功能以及系统智能集成技术，以实现工业内外部系统形成软件定义网络、智能调度，发展"随需而配，随需而建"的开发、运营和服务一体化发展。

（四）强化智能制造重大工程实施

《中国制造2025》明确规定的十大拟突破的重点产业领域应作为智能制造重大工程的实施重点和关键。基于此，一方面，东北地区制造业应从市场推广、财政金融、国内外合作等方面出台相应支持政策，为智能制造重大工程的实施提供保障措施；另一方面，应以体系化、规模化和产业化运营智能制造重大工程，着重提升集成系统、专用装备设计水平和适配能力，加快制造业关键技术、前瞻性技术制造设计一体化研发应用能力，形成完善的先进工业体系。

（五）加快智能制造专业人才培养

当前，与智能制造相适应的知识和技能已经成为世界制造业人力资源竞争力的重点视阈，也是实现智能制造的关键因素，必须加快智能制造专业人才培养，实现制造业人才统筹发展。当前，东北地区应重点培养智能制造技术研发与应用专业人才；强化制造业从业可编程逻辑控制器、伺服电机、传感器等应用能力的培育与提升；加强产品设计所需求的具备 CAD、CAM 和 CAE 的应用能力人才培养；加快熟练掌握人机工效仿真、零件流的静态分析与动态分析等精益生产管理、数字化工厂管理人才培养；强化精度检测与公差配合、工业网络控制、系统集成和现场编程调试等技术含量较高专业人才培养。

（六）盘活各类资金以扶持两化融合

东北地区在对制造业两化融合金融支持方面，必须提高和盘活政府财政、金融资本、民间资本、企业存量资金，将沉淀闲置资金用活用好，以强化两化融合的资金支撑；加大力度审计预算执行不到位的资金、加强现金运用管理、做好资金预算和执行监督；加大政府财政存量资金投资制造业两化融合指导，拓宽政府财政存量资金的投资领域和范围；积极构建价格机制，采取税收和财政扶持等措施，增强项目对财政存量资金的吸引力；构建和完善财政存量资金支持体系，加强债务风险管理等以保障和激励财政存量资金投身于制造业两化融合过程中，为促进制造业两化融合建设提供有力的支撑。

总之，德国工业4.0为东北地区制造业"两化融合"提供了机遇与挑战，也为我们提供了可借鉴的先进经验，东北地区制造业应在充分考虑东北地区实际情况的战略背景下，积极做好顶层设计，深化体制机制改革，完善各类相关支持政策，提升制造业四基能力，夯实实现智能制造的基础。

参考文献

［1］谭鑫，朱要龙：《西部民族地区城镇化健康发展的实证分析》，《学术探索》，2015 年第 3 期。

［2］任健：《中国特色新型城镇化的哲学维度探析》，《中共济南市委党校学报》，2015 年第 2 期。

［3］陈玉梅，吕萍：《新型城镇化建设的制度创新：综合动因与体系架构》，《江海学刊》，2014 年第 6 期。

［4］李鹏，刘鹏：《生态文明建设在城镇化进程中的地位和路径选择》，《理论学刊》，2014 年第 6 期。

［5］余传杰：《城镇化进程中农村转移人口就业问题的困境与对策》，《河南工业大学学报：社会科学版》，2014 年第 1 期。

［6］郭小燕：《中小城市和小城镇功能提升研究——基于农业转移人口市民化的视角》，《开发研究》，2014 年第 2 期。

［7］张国胜：《“十二五”期间加快我国农民工市民化的思路与对策研究》，《农村金融研究》，2011 年第 4 期。

［8］赵铁锁，殷一博：《“新型城镇化研究”笔谈——关于农业转移人口市民化的制度探究——写在〈国家新型城镇化规划〉出台之际》，《经济问题》，2014 年第 6 期。

［9］杨邦杰，郧文聚，程锋：《论耕地质量与产能建设》，《中国发展》，2012 年第 1 期。

［10］何芳：《生产性服务业集聚发展与制造业互动研究——基于交易费用角度》，东南大学，2010 年 10 月。

［11］申慧慧：《贵州省生产性服务业发展研究》，贵州财经大学，2013 年 6 月。

［12］马晓姝：《法律视野下的失地农民权益保护》，西南交通大学，2009 年 6 月。

[13] 徐保根，韩璐，陈佳骊：《新型城镇化中的土地统筹流转模式探讨——基于浙江嘉兴"两分两换"的实践与思考》，《资源与产业》，2014 年第 1 期。

[14] 许玫，傅小鹏：《江西小城镇产业集群发展现状、制约因素及对策》，《老区建设》，2008 年第 10 期。

[15] 焦爱英，赵燕华，王潇：《天津市农村"三改一化"实践研究》，《中小企业管理与科技》，2012 年第 2 期。

[16] 农业部：《关于稳步推进农村集体经济组织产权制度改革试点的指导意见》，《上海农村经济》，2008 年第 1 期。

[17] 沈国琴：《宁夏新型城镇化发展道路之"新"》，《中共银川市委党校学报》，2014 年第 5 期。

[18] 王艳玲：《区域物流整合与产业集聚联动发展》，《经济理论与经济管理》，2011 年第 11 期。

[19] 孙吉亭，孟庆武：《山东半岛蓝色经济区海洋主导产业选择研究》，《中国渔业经济》，2012 年第 3 期。

[20] 郑昌江：《香糯玉米美食产业链的构建要素》，《餐饮世界》，2010 年 11 期。

[21] 范学谦：《浅析武汉发展水运产业链的条件问题及思路》，《物流工程与管理》，2011 年第 8 期。

[22] 陆斌：《转型经济中的产业价值链升级》，《科技进步与对策》，2012 年第 12 期。

[23] 徐金华：《培育产业群体 延伸产业链条——提升肇庆市产业发展水平的对策思考》，《肇庆论丛》，2011 年第 7 期。

[24] 万年县人民政府：上坊乡建立完善重大产业项目招商引资和建设管理协调推进机制工作的实施方案，万年县人民政府网，2011 年 12 月 31 日。

[25] 卢现祥，罗小芳：《完善投入机制　促进科技创新》，《人民日报》，2011 年 2 月 22 日。

[26] 杨涛：《校企合作不能"两张皮"》，《企业党建参考报》，2012 年 6 月 4 日。

[27] 余芝轩：《校企合作的制约因素与对策研究》，《中共山西省直属机关党校学报》，2012 年第 1 期。

［28］陈万钦，武义青，霍小龙：《产业集群如何建立公共研发机构——以河北省沙河市玻璃产业园区为例》，《中国经济时报》，2013 年 10 月 9 日。

［29］张田欣：《昆明发展产业破解瓶颈制约不让政策"悬在空中"》，中国新闻网，2013 年 2 月 18 日。

［30］赵鹏：《企业培训员工将获政府补贴》，MBA 智库网，2014 年 4 月 19 日。

［31］李为明，丁宁：《关于城镇化问题的几点思考》，《国土资源》，2014 年第 6 期。

［32］潘继南：《CAFTA 背景下广西边境城镇发展战略研究》，广西大学，2010 年 6 月。

［33］柴继欣：《河南省农村城镇化进程探析》，《中国乡镇企业会计》，2012 年第 5 期。

［34］李琪，安树伟：《基于区域差距的兰西格经济区基本公共服务均等化研究》，《宁夏大学学报》（人文社会科学版），2012 年第 1 期。

［35］陈隆诗：《基于瓮福同城化的新型城镇化思考》，《四川建筑》，2014 年第 3 期。

［36］李壮：《重庆市生产性服务业对制造业发展影响研究》，重庆工商大学，2013 年 6 月。

［37］马洪伟：《黑龙江装备制造业与生产性服务业互动发展模式研究》，哈尔滨理工大学，2013 年 6 月。

［38］姚小远，姚剑：《传统产业优化升级与制造业服务化发展模式思考》，《理论导刊》，2014 年第 12 期。

［39］王东明：《进一步深化行政管理体制改革为实现"十二五"规划提供有力保障》，《中国机构改革与管理》，2011 年第 1 期。

［40］朱维究：《中国政府适应市场经济职能转变的机构设置研究》，《中国机构改革与管理》，2012 年第 2 期。

［41］程秀娟：《让节约集约用地迈上法制轨道——访国土资源部政策法规司司长王守智》，《青海国土经略》，2014 年第 6 期。

［42］蒋怀志：《新形势下加快推进广西城镇化建设的对策建议》，《广西社会科学》，2010 年第 7 期。

［43］李冬晓：《推进中原经济区新型城镇化的对策与建议》，《中国经贸导

刊》，2012 年第 6 期。

［44］丁祖年：《运用法治思维和法治方式推进全面深化改革——兼论增强立法引领和推动作用的路径》，《法治研究》，2014 年第 2 期。

［45］李咏梅：《新型城镇化过程中房地产行业的发展模式》，《管理观察》，2014 年第 13 期。

［46］仇怡，吕焕分，文红艳：《产业集聚对出口贸易的影响研究——基于湖南省冶金及金属制品产业的实证分析》，《湖南城市学院学报》，2011 年第 4 期。

［47］魏文轩：《新型城镇化条件下产业集聚政策的效用及创新》，《湖北农业科学》，2014 年第 5 期。

［48］王换娥，孙静，田华杰：《我省新型城镇化建设与产业集聚互动研究》，《现代商业》，2012 年第 18 期。

［49］苑卫卫：《产业集群与城镇化互动机理分析》，《统计与管理》，2014 年第 4 期。

［50］周利：《产业集群推动新型城镇化建设》，《市场论坛》，2014 年第 1 期。

［51］王沛栋：《城镇化进程中产城融合的困境与突破路径——以河南省为例》，《学习论坛》，2014 年第 6 期。

［52］杨蔚宁，张海姣：《农村城镇化中的产城互动关系研究》，《安徽农业科学》，2014 年第 9 期。

［53］吕苑鹃：《国土资源部启动城镇低效用地再开发试点》，《中国国土资源报》，2013 年 4 月 15 日。

［54］李楠：《初探北京地区产业集聚与资源约束协调机制》，《时代经贸（下旬）》，2012 年第 4 期。

［55］周丰：《加强财政存量资金管理的审计监督》，《中国审计》，2014 年第 5 期。

［56］杜新：《广西产城融合对策研究》，《广西经济》，2014 年第 3 期。

［57］熊毅：《县域中心城市公共服务设施协调发展研究》，西南科技大学，2010 年 6 月。

［58］刘学，孙泰森：《基于 BP 神经网络的中国城镇化质量差异研究》，《湖北农业科学》，2015 年第 1 期。

［59］张利华，张京昆：《城市绿地生态综合评价研究》，《建设科技》，2011

年第 15 期。

[60] 肖万春：《湖南加快城乡一体化建设的着力点》，《武陵学刊》，2012 年第 4 期。

[61] 张启元：《推进以人为核心的新型城镇化》，《共产党员》，2014 年第 19 期。

[62] 闻海燕，陈飞跃：《新型城镇化建设模式研究——基于小城镇的典型样本》，《开发研究》，2014 年第 2 期。

[63] 张艳红：《产业集聚区创新发展的实践与思考——以河南省为例》，《社科纵横》，2014 年第 4 期。

[64] 郭志仪，郭向阳：《欠发达地区生产性服务业发展方式探索》，《社会科学家》，2011 年第 9 期。

[65] 陈柳钦：《战略性新兴产业自主创新问题研究》，《决策咨询》，2011 年第 2 期。

[66] 彭葵：《从福田看服务经济发展指标体系的设置》，《中国统计》，2012 年第 5 期。

[67] 王宏理：《科技成果转化问题及对策分析》，《中国科技奖励》，2010 年第 6 期。

[68] 佘义：《论如何提高医药科技成果转化率》，《中国医药导报》，2011 年第 7 期。

[69] 唐苗：《安康富硒产业区域品牌建设的现状及存在的问题》，《新农村（黑龙江）》，2013 年第 22 期。

[70] 李丹：《产业集群与品牌效应关系研究》，河北工业大学，2010 年 6 月。

[71] 冶军，吕新：《主成分分析在棉田质量评价中的应用》，《石河子大学学报：自然科学版》，2004 年第 4 期。

[72] 朱冬梅：《基于产业集聚增长机制的胶东半岛产业发展战略研究》，山东大学，2007 年 6 月。

[73] 岳文海：《中国新型城镇化发展研究》，武汉大学，2013 年 6 月。

[74] 王海：《实现城乡基本公共服务均等化的途径分析》，《科技信息》，2010 年第 16 期。

[75] 焦茜：《芙蓉区现代服务业发展问题与对策研究》，湖南大学，2012 年 6 月。

［76］侯曙光，许晓红：《延伸花卉产业链研究的初步认识——基于漳州花卉产业的分析》，《经济师》，2010 年第 1 期。

［77］周生贤：《改革生态环境保护管理体制》，《环境保护》，2014 年第 5 期。

［78］宋宇：《生态文明视角下的环境损害评估与赔偿制度化研究》，《中州学刊》，2014 年第 6 期。

［79］邹蔚，宋维玮：《中国生产性服务业的地区人力资源竞争力研究——基于省际面板数据》，《中国人力资源开发》，2015 年第 5 期。

［80］夏杰长，欧阳文和：《推动地方服务业大发展的十项举措》，《浙江树人大学学报》，2011 年第 11 期。

［81］商凯：《山东省支持现代服务业发展的政策考量——基于国内外发达地区的经验启示》，《地方财政研究》，2012 年第 6 期。

［82］刘卓聪，刘蕲冈：《先进制造业与现代服务业融合发展研究——以湖北为例》，《科技进步与对策》，2012 年第 10 期。

［83］周五七，聂鸣：《中国工业碳排放效率的区域差异研究——基于非参数前沿的实证分析》，《数量经济技术经济研究》，2012 年第 9 期。

［84］国务院：《中国制造 2025》，中华人民共和国中央人民政府网，2015 年 5 月 19 日。

［85］Richard W. Martin："Spatial Mismatch and the Structure of American Metropolitan Areas，1970—2000"，"Journal of Regional Science"，2004，3.

［86］Nieholas Dagen Bloom. Suburban Alchemy：1960's New Towns and the Transformation of the American Dream ［M］. Columbus：Ohio State University Press，2001，7.

［87］Yasusada Murata："Rural-urban interdependence and industrialization"，"Journal of Development Economics"，2002，1.

［88］M. Bontje，J. Burdack："Edge Cities，European-style：Examples from Paris and the Randstad"，"Cities"，2005，4.

［89］R. Shearmur，D. Doloreux："Science parks：actors or reactors? Canadian science parks in ther urban context"，"Environment and Planning A"，2000，6.

致　谢

　　本书是作者近年来潜心研究的成果。在撰写过程中吸收和借鉴了一些理论和实践界有关新型城镇化和产业集聚发展研究的最新成果，并引用了国内外公开出版或发布的资料和数据，限于篇幅，没有全部列举，在此谨向有关专家和学者表示感谢！

　　本书的出版得到了信阳师范学院旅游学院领导以及经济科学出版社的大力支持和帮助，在此深表谢意！

作者

2019 年 3 月 20 日